Die deutsche Geldwirtschaft

von

Dr. Fritz Federau

Berlin 1949

Walter de Gruyter & Co.

vormals G. J. Göschen'sche Verlagshandlung / J. Guttentag, Verlagsbuchhandlung / Georg Reimer / Karl J. Trübner / Veit & Comp.

Archiv Nr. 240349

11889. Druck: A. W. Hayn's Erben, Berlin SO 36. Nr. VIII/99, 0. 06. 0513. 570.

VORWORT

Die vorliegende Schrift behandelt alle wichtigen Vorgänge, die sich seit der Währungsstabilisierung in den Jahren 1923/24 auf dem Gebiete des deutschen Geld-, Kredit- und Finanzwesens zugetragen haben. Die in zahlreichen Tabellen wiedergegebenen Ziffern stammen im wesentlichen aus amtlichen Veröffentlichungen, insbesondere solchen des Statistischen Reichsamtes sowie anderer offizieller und offiziöser Stellen; z. T. sind sie aber auch von dem Verfasser — auf Grund zuverlässiger Unterlagen — errechnet oder im Wege der Schätzung gewonnen worden. Letzteres gilt namentlich für die Kriegsjahre, in denen die amtliche Berichterstattung entweder gänzlich abgebrochen oder infolge kriegsbedingter Einschränkungen zumindest stark gedrosselt wurde.

Es ist daher möglich, dem Leser ein nahezu geschlossenes Bild von den einzelnen Vorgängen zu vermitteln und somit eine in der gegenwärtigen geld- und finanzwirtschaftlichen Literatur vorhandene Lücke auszufüllen.

Berlin, im Dezember 1948

Dr. FRITZ FEDERAU

Inhaltsübersicht

A. Einleitung

1. Die wirtschaftliche Lage an der Jahreswende 1923/24

Angesichts des schnell fortschreitenden Währungsverfalls im Jahre 1923 waren sehr viele wirtschaftliche Unternehmungen bereits im Sommer dieses Jahres dazu übergegangen, ihre geschäftliche Grundlage auf Goldmark- oder Dollarbasis umzustellen, da die sprunghafte, zuletzt astronomische Ausmaße annehmende Entwertung der deutschen Mark es völlig unmöglich machte, Dispositionen und Kalkulationen, namentlich für längere Zeiträume, noch in Papiermark vorzunehmen. Lediglich ein Wirtschaftszweig, nämlich die deutsche Landwirtschaft, bediente sich beim Absatz ihrer Erzeugnisse bis zuletzt der Papiermark-Rechnung, obwohl sie schon seit Monaten genötigt war, Produktionsmittel sowie Roh- und Hilfsstoffe zu Goldmark- oder anderen „wertbeständigen" Preisen einzukaufen. Die Folge hiervon war, daß dieser wichtige Zweig der deutschen Volkswirtschaft im Spätherbst 1923, als die Stabilisierung der deutschen Währung auf der Grundlage „eine Rentenmark = eine Billion Papiermark" erfolgte[1]), von Vorräten nahezu entblößt war und somit kaum noch über irgendwelche Mittel verfügte, die zur Fortführung einer ordnungsmäßigen Wirtschaft benötigt wurden. Um nun die zu jener Zeit beinahe völlig ausverkaufte Landwirtschaft mit dem erforderlichen Betriebskapital zu versehen, ist diesem in seiner Existenz bedrohten Wirtschaftszweig aus den Währungskrediten der Deutschen Rentenbank damals ein Betrag von insgesamt 870 Mill. Rentenmark zur Verfügung gestellt worden, der auf Grund der im Zusammenhang mit dem Dawes-Plan erlassenen gesetzlichen Bestimmungen innerhalb von drei Jahren zurückgezahlt werden mußte[2]).

Bevor jedoch auf die nun folgende weitere Entwicklung der geldwirtschaftlichen Verhältnisse eingegangen wird, erscheint es angebracht, einen Augenblick bei der Schaffung der Rentenmark zu verweilen, zumal dieser Vorgang recht wenig bekannt ist. Besonders bemerkenswert ist hierbei, daß die Währungsstabilisierung in einem Zeitpunkte wirtschaftlichen Tiefstandes und ohne jede ausländische Hilfe erfolgte.

1) eine Billion = 1000 Milliarden.
2) am 30. November der Jahre 1925, 1926 und 1927 waren jeweils 290 Mill. RM fällig.

Die Summe der ausgegebenen Rentenbankscheine belief sich auf insgesamt 2,4 Mrd. Rentenmark. Hiervon wurden eine Mrd. dem Reich zur Deckung seiner Ausgaben — zu einem festen Satz von 6 % p. a. — zur Verfügung gestellt und weitere 200 Mill. dem Reich unverzinslich zur Abdeckung seines Schatzwechselkredites bei der Reichsbank überlassen, während die übrigen 1,2 Mrd. für die Kreditversorgung der deutschen Wirtschaft bestimmt waren (von dem letztgenannten Betrag sind — wie schon erwähnt — allein 870 Mill. an die Landwirtschaft gegeben worden). Die Grundlage für die neue Währung bildete eine auf Goldmark lautende, mit 6 % verzinsliche, in Höhe von 4 % des Wehrbeitragswertes auf dem gesamten Grundbesitz von Industrie, Gewerbe, Handel, Banken und Landwirtschaft einzutragende Grundschuld mit der Maßgabe, daß diese Belastung zu gleichen Teilen auf die Landwirtschaft und die gewerbliche Wirtschaft umzulegen sei[3]). Währungsinstitut war die gemäß Verordnung vom 15. Oktober 1923 errichtete, von den Vertretern der belasteten Wirtschaft verwaltete Deutsche Rentenbank; die Höhe ihres Eigenkapitals wurde bestimmt durch die Höhe der Grundschuld, belief sich also auf 3,2 Mrd. Rentenmark (2400 Mill. Grundkapital sowie 800 Mill. Reserven); das Eigenkapital ist dann später — durch das Gesetz über die Liquidierung des Umlaufes an Rentenbankscheinen vom 30. August 1924 — auf zwei Mrd. RM herabgesetzt worden[4]). Auf Grund der zu Gunsten der Deutschen Rentenbank bestellten Grundschuld wurden auf Goldmark lautende, mit 5 % verzinsliche Rentenbriefe ausgefertigt, die nun ihrerseits als Deckung für die ausgegebenen Rentenbanknoten dienten. Da das Publikum die Möglichkeit hatte, die in seinem Besitz befindlichen Geldscheine jederzeit in die 5 %igen Rentenbriefe umzutauschen, war eine Gewähr dafür gegeben, daß der Wert der Rentenbankscheine nicht unter den Wert dieses 5 %igen auf Goldmark lautenden Papiers sinken konnte. Als weitere Sicherung der Rentenmark sind schließlich noch zu nennen: die Stillegung der Notenpresse der Reichsbank, ferner die völlige Unabhängigkeit des neuen Währungsinstituts vom Reich sowie die feste Begrenzung der Kredithergabe an das Reich.

Die Unternehmungen der deutschen Wirtschaft hatten ihre Jahresabschlußrechnung per 31. Dezember 1923 fast ausnahmslos noch in Papiermark oder Bill.-Mark[5]) gefertigt. Vom Jahre 1924 an mußten sie jedoch ihre Geschäftsgrundlage auf Goldmark umstellen und wurden angewiesen, zu diesem Zwecke eine „Goldmark-Eröffnungs-Bilanz" per 1. Januar 1924 aufzustellen.

---

[3]) je 1,6 Mrd., insgesamt also 3,2 Mrd.
[4]) siehe spätere Ausführungen auf Seite 11.
[5]) Abkürzung für Billionen Mark.

In der ersten Hälfte des Jahres 1924 vollzog sich sodann in der deutschen Geldpolitik eine völlige Umkehrung. Um den neu gewonnenen Währungsstandard zu halten, ein abermaliges Abgleiten des Kurses der deutschen Mark also um jeden Preis zu verhindern, entschloß man sich zu ausgesprochen deflatorischen Maßnahmen. Künstliche Niedrighaltung von Löhnen und Gehältern, Kreditrestriktionen u. a. m. sollten die Stabilität der Rentenmark gewährleisten. Offenbar war man sich nicht bewußt, daß eine Deflation in ihren wirtschaftlichen Auswirkungen ebenso verhängnisvoll sein kann wie eine Inflation. Ob eine erfolgreiche Steuerung der deutschen Volkswirtschaft nach diesen Grundsätzen längere Zeit möglich gewesen wäre, erscheint recht zweifelhaft; denn schon im Sommer 1924 wurde eine Reihe Anzeichen sichtbar, die darauf hindeuteten, daß die von den maßgebenden deutschen Stellen betriebene Deflationspolitik zwangsläufig zu einer Drosselung des Wirtschaftslebens führen mußte. Dieser Entwicklung wurde alsdann durch den Dawes-Plan und dessen für die deutsche Wirtschaft bedeutsame Bestimmungen Einhalt geboten.

2. Die Ordnung der geldwirtschaftlichen und finanziellen Verhältnisse Deutschlands durch die Bestimmungen des Dawes-Planes

Im Herbst des Jahres 1923 erhielt das Sachverständigen-Komitee, das die Vorarbeiten für das am 30. August 1924 unter dem Sammelbegriff „Dawes-Plan" fertiggestellte wirtschaftliche Gesetzgebungswerk zu leisten hatte, von der Reparationskommission den Auftrag, diejenigen Maßnahmen zu ermitteln, deren Durchführung notwendig sein würde, um den deutschen Haushalt zu balancieren und die deutsche Währung zu stabilisieren. Von den im Zusammenhang mit dem Dawes-Plan in Kraft getretenen gesetzlichen Bestimmungen übte den nachhaltigsten Einfluß auf das Gefüge der deutschen Geldwirtschaft naturgemäß das Bankgesetz aus, durch das die deutsche Währung auf eine völlig neue Grundlage gestellt worden ist. Sodann sind für den Bereich der Geldwirtschaft noch zu nennen: das Münzgesetz, das in erster Linie münztechnische Fragen behandelte, ferner das bereits im vorigen Kapitel erwähnte Gesetz über die Liquidierung des Umlaufs an Rentenbankscheinen sowie schließlich das — zumindest mittelbar — hiermit zusammenhängende Gesetz über die Industriebelastung und die Errichtung der Bank für deutsche Industrie-Obligationen.

Durch das Bankgesetz vom 30. August 1924, das eine vom Reich völlig unabhängige, unter internationaler Kontrolle stehende Reichsbank schuf, wurde u. a. bestimmt, daß die von dem Zentralnoteninstitut ausgegebenen Banknoten mindestens zu 40 % durch Gold und Devisen[6]), der Rest durch erstklassige Warenwechsel gedeckt sein müssen. Für den Fall der Unterschreitung der 40 %igen Mindestdeckungsgrenze war durch die Festsetzung einer Notensteuer Vorsorge gegen eine ungehemmte Ausgabe von Reichsbanknoten getroffen. Diese Steuer wies bereits im ersten Stadium der Unterschreitung eine erhebliche progressive Staffelung auf[7]) und war somit geeignet, als stark ritardierendes Moment bei der Notengeldemission zu wirken. Eine weitere Sicherungsmaßnahme gegen eine inflatorische Ausweitung des Notenumlaufs bildeten die Vorschriften, die bei der Kredithergabe aus Mitteln der Zentralnotenbank zu beachten waren; so war u. a. die Höchstgrenze für Kreditgewährungen an das Reich auf 100 Mill. RM festgesetzt.

Um nun auch die Voraussetzungen für eine ordnungsgemäße Deckung der von der Reichsbank ausgegebenen Noten zu schaffen, wurde dem Deutschen Reich im Zusammenhang mit der Inkraftsetzung des Dawes-Planes eine internationale Währungsanleihe, die sogenannte „Dawes-Anleihe", im Betrage von insgesamt 800 Mill. RM zur Verfügung gestellt, die ausschließlich zur Auffüllung des Notendeckungsfonds Verwendung gefunden hat. Bei der neuen deutschen Währung, der Reichsmark-Währung (4,20 RM = ein Dollar), handelte es sich um eine sogenannte „Goldkernwährung", d. h. eine Währung, bei der zwar eine Einlösungspflicht der Banknoten in Gold für das Noteninstitut nicht besteht, wohl aber eine bestimmte Relation zwischen ausgegebener Notenmenge und Goldbestand — oder wie in dem vorliegenden Falle zum Gold- und Devisenbestand — der Zentralnotenbank vorgeschrieben ist. Außerdem wurde (wie seinerzeit bei der Schaffung der Rentenmark die Notenpresse der Reichsbank stillgelegt worden ist) jetzt — durch die gesetzlichen Bestimmungen des Dawes-Planes — die Einziehung der im Umlauf befindlichen Rentenbankscheine angeordnet.

Durch das Gesetz über die Liquidierung des Umlaufes an Rentenbankscheinen wurde ferner bestimmt, daß die der Landwirtschaft in Höhe von 870 Mill. Rentenmark eingeräumten Kredite bis zum 30. November 1927, d. h. also innerhalb eines Zeitraumes von drei Jahren, in Raten von je 290 Mill. RM p. a. und die dem Deutschen Reich ebenfalls aus Mitteln der Rentenbank zur Verfügung gestellten 1200 Mill. Rentenmark innerhalb von zehn Jahren zurück-

---

6) 30 % in Gold und 10 % in Devisen.

7) es waren zu entrichten:

bei einem Sinken der Deckung unter 40 % eine Steuer von 3 %
bei einem Sinken der Deckung unter 37 % eine Steuer von 5 %
bei einem Sinken der Deckung unter 35 % eine Steuer von 8 %

und bei einem noch weiteren Sinken der Notendeckungsmasse eine sich für jedes weitere Prozent jeweils um 1 % erhöhende Steuer.

zuzahlen seien. Während die Abwicklung des Landwirtschaftskredites durch die Deutsche Rentenbank erfolgte, wurde zum Zwecke der Tilgung der dem Reich überlassenen 1200 Mill. Rentenmark ein besonderer Tilgungsfonds bei der Reichsbank eingerichtet. Ueber den Verlauf dieser Liquidierungsarbeiten in der Zeit von 1923 bis 1932 unterrichtet im einzelnen die nachstehende Zahlenübersicht.

Angaben in Mill. Rentenmark bzw. RM

Stand am 31. Dezember	Umlaufende Rentenbankscheine	Darlehen an das Reich	Wechselkredite an die Landwirtschaft[1])
1923	1242	1200	—
1924	1980	1200	262
1925	1609	1078	544
1926	1172	946	277
1927	740	810	—
1928	537	678	—
1929	426	551	—
1930	472	446	—
1931	433	427	—
1932	438	427	—

[1]) die im Eingangskapitel — vgl. Seite 7/8 — bereits erwähnten sogenannten „Rentenbank-Abwicklungskredite" (höchste Inanspruchnahme 726 Mill. Rentenmark); die der übrigen Wirtschaft über die Reichsbank zur Verfügung gestellten Kredite waren bereits Mitte 1925 zurückgezahlt.

Des weiteren wurde durch das vorgenannte Gesetz — wie bereits erwähnt — das Eigenkapital der Rentenbank von 3,2 Mrd. auf 2 Mrd. RM herabgesetzt, die auf dem landwirtschaftlichen Besitz ruhende Rentenbank-Grundschuld hingegen von 1,6 Mrd. auf 2 Mrd. RM, d. h. auf 5 % des Wehrbeitragswertes erhöht (unter gleichzeitiger Ermäßigung der auf die Grundschuld zu entrichtenden Zinsen von 6 % auf 5 % p. a.), während die ebenfalls 1,6 Mrd. RM betragende, auf dem Grundbesitz der gewerblichen Wirtschaft lastende Rentenbank-Grundschuld erlosch infolge unmittelbarer Heranziehung der zu diesem Teil der deutschen Wirtschaft gehörenden Unternehmungen zu den Reparationszahlungen. Letztere stellten sich für das sogenannte „Normaljahr" auf 2,5 Mrd. RM und waren folgendermaßen aufzubringen:

1250 Mill. RM aus dem Aufkommen der Zölle und Verbrauchssteuern,

950 Mill. RM von der in eine besondere Gesellschaft, die Deutsche Reichsbahn-Gesellschaft, umgewandelten Deutschen Reichsbahn (660 Mill. RM aus den Ein-

künften und 290 Mill. RM aus der eigens zu diesem Zweck eingeführten Beförderungssteuer),

300 Mill. RM von den Unternehmungen der gewerblichen Wirtschaft (Industrie, Gewerbe, Handel und Banken).

Die Aufbringung des letztgenannten Betrages vollzog sich in der Weise, daß sämtliche dieser Wirtschaftskategorie angehörenden Unternehmungen[8]) mit einer Grundschuld von insgesamt 5 Mrd. RM belastet wurden, die jährlich mit 5 % zu verzinsen und mit 1 % zu tilgen war (6 % Jahresleistungen auf 5 Mrd. RM = 300 Mill. RM). Mit der Durchführung dieser Aktion und der Verwaltung des Sondervermögens wurde die eigens hierfür gegründete Bank für deutsche Industrie-Obligationen betraut.

Aber auch noch ein anderes großes Bankinstitut verdankt — wenigstens mittelbar — seine Entstehung den im Zusammenhang mit dem Dawes-Plan ergangenen gesetzlichen Bestimmungen. Die Deutsche Rentenbank, die nach ihrer sich über einen Zeitraum von nur neun Monaten erstreckenden Tätigkeit als Währungsbank jetzt nur noch Liquidierungsaufgaben wahrzunehmen hatte, hat im Sommer 1925 von dem ihr durch § 16 in Verbindung mit § 9 Liqu.Ges.[9]) eingeräumten Rechte, sich an einer zu errichtenden landwirtschaftlichen Kreditanstalt zu beteiligen, Gebrauch gemacht und die Deutsche Rentenbank-Kreditanstalt ins Leben gerufen. Auf das Wirken dieses Instituts als landwirtschaftliche Zentralbank wird noch an späterer Stelle, bei der Behandlung der Umschuldungsmaßnahmen für die deutsche Landwirtschaft, eingegangen. Dagegen wird von einer Darstellung des Aufbaues und der Organisation der Rentenbank-Kreditanstalt wie auch der übrigen in den vorstehenden Ausführungen erwähnten Bankinstitute — Rentenbank, Reichsbank und Industriebank — Abstand genommen werden. Derartige Darlegungen haben zum großen Teil nur rein bankgeschichtliche Bedeutung[10]) und gehen somit über den Rahmen der vorliegenden Arbeit hinaus, deren Aufgabe es hauptsächlich sein soll, die geldwirtschaftliche Entwicklung zweier politisch und wirtschaftlich recht bewegter Jahrzehnte zu schildern, Zusammenhänge und Verknüpfungen geld- und finanzwirtschaftlicher Natur aufzuzeigen sowie besonders wichtige Vorgänge im Bereich der deutschen Geldwirtschaft zu analysieren.

---

8) die sogenannte „aufbringungspflichtige Wirtschaft", während der jährlich von ihr in Höhe von 300 Mill. RM zu zahlende Betrag auch kurz als „Industriebelastung" oder „Industrieumlage" bezeichnet wurde.

9) Gesetz über die Liquidierung des Umlaufes an Rentenbankscheinen vom 30. August 1924.

10) und zwar vielfach Bankgeschichte im engsten Sinne.

B. Die deutsche Geldwirtschaft 1924/45

1. Das Volkseinkommen

Die Grundlage der Geldwirtschaft eines Landes ist das Volkseinkommen, dessen wichtigste Zweige das Arbeitseinkommen[11]) und das Einkommen von Handel und Gewerbe[12]) sind. Der weitaus größte Teil des Volkseinkommens entfällt auf das Arbeitseinkommen, also auf die Summe der im Rahmen einer Volkswirtschaft gezahlten Löhne und Gehälter. Diese Summe weist im Laufe der Jahre — sowohl absolut als auch relativ — eine recht unterschiedliche Höhe auf. Sie schwankt in der Zeit vor dem Kriege zwischen 25,7 Mrd. (1932) und 43,0 Mrd. RM (1929)[13]); anteilmäßig zeigt sie im Jahre 1931 mit 58,1 % ihren höchsten Stand, während der niedrigste Stand mit 52,3 % im Jahre 1938 verzeichnet wurde. Während der Kriegsjahre, in denen die Einkommen aus Renten und Unterstützungen sowohl absolut als auch anteilmäßig ständig zugenommen haben, dürfte der Anteil des Arbeitseinkommens am Volkseinkommen ebenfalls etwas über 50 % gelegen haben. Seinen höchsten Stand hatte das Arbeitseinkommen im Jahre 1944 erreicht; die Summe der in diesem Jahre in Deutschland gezahlten Löhne und Gehälter dürfte mit schätzungsweise 75 Mrd. RM kaum zu hoch angenommen sein. Im übrigen unterrichtet über die zahlenmäßige Entwicklung des deutschen Volkseinkommens in der Zeit von 1925/44 die umstehende Uebersicht. Die in Spalte 1 aufgeführten Ziffern geben lediglich die nominelle Höhe des Volkseinkommens an, sie geben aber noch keinerlei Auskunft über das materielle Ausmaß des Volkseinkommens, das innerhalb eines fest umrissenen Zeitraumes erzielt worden ist. Um auch letzteres zeigen zu können, sind in Spalte 2 die für die einzelnen Jahre ermittelten Einkommensbeträge — durch Umrechnung in Kaufkraft eines bestimmten Jahres — auf einen gemeinsamen Nenner gebracht. Erst hierdurch ist die Voraussetzung für einen Vergleich der Einkommensziffern geschaffen.

---

11) Arbeitseinkommen der Arbeiter, Angestellten und Beamten (einschl. der leitenden Direktoren usw.).

12) Einkommen der selbständigen Gewerbetreibenden und der freien Berufe (ohne die Gewinne der Erwerbsgesellschaften).

13) diesen Stand hat das Arbeitseinkommen erst im letzten Jahre vor dem Kriege wieder erreicht.

Angaben in Mrd. RM

Kalenderjahr	in jeweiliger Kaufkraft	in Kaufkraft von 1928
altes Reichsgebiet:		
1925	60,0	65,1
1926	62,7	67,3
1927	70,8	72,7
1928	75,4	75,4
1929	75,9	74,8
1930	70,2	71,9
1931	57,5	64,0
1932	45,2	56,8
1933	46,5	59,8
1934	52,7	66,0
1935	59,1	72,9
1936	65,8	80,2
1937	73,8	89,4
1938	82,1	99,2

Kalenderjahr	in jeweiliger Kaufkraft	in Kaufkraft von 1938
erweitertes Reichsgebiet:		
1938	86,7	86,7
1939	98,3	97,8
1940	110,0	106,2
1941	120,0	113,2
1942[1])	125,0	115,7
1943	132,0	119,4
1944	140,0	123,9

[1]) ab 1942 Ziffern geschätzt.

Den obigen Angaben zufolge war das Volkseinkommen am niedrigsten im Jahre 1932, in dessen Mitte auch die Wirtschaftskrise ihren tiefsten Punkt erreicht hatte. Die verhältnismäßig starke Einkommensteigerung in der Zeit vor dem Kriege (1934/38) hängt hauptsächlich mit der durch die Aufrüstung bedingten allgemeinen Wirtschaftsbelebung zusammen, während die Vergrößerung des Volkseinkommens in den darauffolgenden Jahren in erster Linie durch die Umstellung des gesamten Wirtschaftsapparates auf Kriegsproduktion im weitesten Sinne unter gleichzeitiger Schaffung entsprechender zusätzlicher Erzeugungsstätten ausgelöst worden ist. Dies gilt nicht nur für Deutschland, sondern auch für die anderen am Kriege beteiligten Länder und in gewissem Umfange auch für die nicht-kriegführenden bzw. neutralen Staaten.

2. Die Geldkapitalbildung

In engem Zusammenhange mit der kaufkraftmäßigen Höhe des Volkseinkommens steht die Bildung von Geldkapital. Als sogenanntes „Geldkapital" finden diejenigen Teile des Volkseinkommens ihren Niederschlag, die entweder in die großen Kapitalsammelbecken der Banken, Sparkassen und Genossenschaften fließen, den Unternehmungen des Versicherungsgewerbes, insbesondere den Trägern der Lebens- und Sozialversicherung zugeführt bzw. zum Erwerb von Werten des Geld- und Kapitalmarktes verwandt werden oder — anders ausgedrückt — alle die Mittel, die weder konsumtiven Zwecken dienstbar gemacht werden, noch in Sachwerten Anlage finden. Diese Feststellung zeigt bereits, daß der Umfang der Geldkapitalbildung andererseits auch abhängig ist von der jeweiligen Verfassung des Gütermarktes, d. h. von der Menge der zur Verfügung stehenden Güter und der Möglichkeit, diese Güter zu erwerben.

Die innige Verflechtung von Volkseinkommen* (VE), Gütermenge (Q) und Geldkapitalbildung (Gb), zu denen als vierte volkswirtschaftliche Komponente noch das Preisgefüge (P) tritt, kommt am deutlichsten zum Ausdruck, wenn man die vier Größen in die Form einer Gleichung kleidet.

$$VE = Q \cdot P + Gb$$

Besonders instruktiv für die in dieser geldwirtschaftlichen Verkehrsgleichung dargelegten wechselseitigen Beziehungen zwischen den einzelnen Faktoren sind die Vorgänge im letzten Kriege. Damals war es nur eine der vier Größen, die durch gesetzgeberische Maßnahmen, also auf künstliche Weise annähernd unverändert geblieben ist, nämlich das Preisgefüge. Das Volkseinkommen dagegen stieg innerhalb des Zeitraumes 1939/44 von 86,7 Mrd. auf 140,0 Mrd. RM p. a., während die Produktion volkswirtschaftlich-nützlicher Güter von Jahr zu Jahr weiter eingeschränkt wurde. Die natürliche Folge dieser Entwicklung war ein von Jahr zu Jahr sprunghaftes Ansteigen der Bildung von Geldkapital.

Eine zahlenmäßige Darstellung der inländischen Geldkapitalbildung für die Zeit von 1925/32 ist mangels genauer statistischer Erfassung der in den einzelnen Jahren in umfangreichem Maße hereingeströmten kurzfristigen Auslandsgelder leider nicht möglich[14]; als weiteres, besonders erschwerendes Moment, das einem derartigen

---

14) im Juli 1931, d. h. bei Ausbruch der Bankenkrise, nachdem also im Jahre 1930 und in der ersten Hälfte des Jahres 1931 bereits ein Betrag von mehreren Mrd. MR ins Ausland zurückgeflossen war, beliefen sich die Auslandskredite immer noch auf insgesamt rd. 24 Mrd. RM.

Versuch hindernd im Wege stehen würde, kommt sodann noch die Aufwertungsgesetzgebung hinzu, deren praktische Auswirkungen sich bekanntlich über einen Zeitraum von mehreren Jahren erstreckten. — Die nachstehend verzeichnete Tabelle vermittelt einen Ueberblick über den Umfang der Geldkapitalbildung nebst einer Aufgliederung nach ihren Hauptquellen für die Jahre 1933/38.

Angaben in Mill. RM

Zuwachs jeweils gegenüber dem Vorjahre[1])	1933	1934	1935	1936	1937	1938
1. Bei Banken und anderen Kapitalsammelstellen:						
a) Geldumlauf (Stückgeld)	73	257	401	591	535	1 780[4])
b) Spareinlagen	620	957	1 244	1 084	1 823	2 700
c) Depositen	15	1 059	798	1 239	1 007	2 220
d) Vermögensanlagen der Sozial- und Privatversicherung	390	719	870	1 136	1 402	1 708
Summe (1 a—d)	1 098	2 992	3 313	4 050	4 767	8 408
2. Durch Vermittlung des Wertpapiermarktes: Erwerb von						
a) Rentenwerten u. Aktien	–210[2])	38[3])	249	923	1 385	2 790
b) Schatzwechseln, U-Schätzen und ähnlichen Werten seitens des Privatpublikums	710	–356	–162	809	756	–260
Summe (2 a—b)	500	–318	87	1 732	2 141	2 530
Geldkapitalbildung insgesamt	1 598	2 674	3 400	5 782	6 908	10 938

1) gemäß den Feststellungen des Instituts für Konjunkturforschung (IfK).

2) im Jahre 1933 haben — den Ermittlungen des IfK zufolge — die Kreditinstitute sogar noch für 210 Mill. RM Effekten aus dem Besitz des Publikums aufgenommen; das gleiche gilt für die Jahre 1934, 1935 und 1938 hinsichtlich des Besitzes von Geldmarktwerten.

3) außerdem wurden Umtauschanleihen für ausländische Wertpapiere in Höhe von 335 Mill. RM begeben.

4) ohne die durch den Umtausch von österreichischen Schillingen und tschechischen Kronen bedingte Zunahme.

Wie diese Zahlenübersicht zeigt, liegt das Schwergewicht der Geldkapitalbildung bei den volkswirtschaftlichen Kapitalsammelstellen, den Kreditinstituten und Versicherungsunternehmungen, während die Geldanlage in Renten, Aktien und sonstigen Papieren, die bis zum Jahre 1935 nur von untergeordneter Bedeutung war, erst in den letzten Jahren vor dem Kriege wieder einen gewissen Auftrieb erhalten hat. Aber auch in der Zeit von 1936/38 spielte diese Art der Geldanlage nur eine sekundäre Rolle. Es ist somit festzustellen, daß der Wertpapiererwerb von seiten des sparenden Publikums in diesen drei Jahren bei weitem noch nicht wieder den Umfang und die Bedeutung erlangt hatte, die das „Effekten-Sparen" in der Zeit vor dem ersten Weltkriege aufwies, namentlich wenn man berücksichtigt, daß die in der vorstehenden Tabelle unter Ziffer 2 aufgeführten Beträge nicht nur die von privater Seite, sondern auch die seitens der öffentlichen Unternehmungen für den Ankauf von Wertpapieren aufgewandten Summen enthalten.

Ueber den Umfang der Geldkapitalbildung während der Jahre 1939/44 unterrichtet im einzelnen die auf der folgenden Seite verzeichnete Zahlenübersicht. Das von Jahr zu Jahr sprunghafte Ansteigen der Bildung von Geldkapital, worauf schon an anderer Stelle kurz hingewiesen worden ist, hat verschiedene Gründe: In den Jahren 1939/40 sind namhafte Geldbeträge durch den Abbau von Warenlägern, d. h. durch die Umwandlung von Sachkapital in Geldkapital freigesetzt worden; in den darauffolgenden Jahren hat sich sodann der Schwerpunkt der Geldkapitalbildung — infolge der ständig zunehmenden Erzeugungsbeschränkungen bei den Gütern des zivilen Bedarfs zu Gunsten der Rüstungsproduktion — immer mehr zu den aus Einkommensteilen stammenden Geldern verlagert, zumal die Bevölkerung (angesichts der mit Kriegsbeginn schlagartig auf allen Gebieten einsetzenden Zwangsbewirtschaftung) außer auf Marken oder Bezugsschein nichts mehr kaufen konnte. Im Zuge dieser Entwicklung haben sich namentlich die den Sparkassen und Genossenschaften anvertrauten Mittel sehr stark vermehrt, worauf in anderem Zusammenhange noch ausführlicher zurückzukommen sein wird.

Das Institut für Konjunkturforschung hat bei seinen geldwirtschaftlichen Betrachtungen die Deutsche Verrechnungskasse, deren Hauptaufgabe in der Verwaltung der aus der finanziellen Abwicklung der Außenhandelsgeschäfte sich ergebenden Clearingspitzen bestand, stets als Inlandsinstitut behandelt (ob zu Recht oder zu Unrecht bleibe dahingestellt). Aus Gründen der Kontinuität ist hieran festgehalten worden, obgleich man angesichts der Tatsache, daß es sich bei diesen Geldern um nicht transferierte oder vorläufig nicht transferierbare, über Reichsmark lautende Auslandsforderungen handelt, auch einen von der Auffassung des IfK abweichenden Standpunkt einnehmen kann.

Angaben in Mrd. RM

Zuwachs jeweils gegenüber dem Vorjahre[1])	1939	1940	1941	1942	1943	1944
1. Bei Banken und anderen Kapitalsammelstellen:						
a) Geldumlauf (Stückgeld) . .	3,8[2])	2,3	5,5	5,2	9,3	16.4
b) Spareinlagen	2,6	9,0	14,4	20,2	24,5	29,5
c) Depositen	4,1	8,6	9,1	10,3	10,6	19,4
d) Vermögensanlagen der Sozial- und Privatversichg. .	1,7	3,2	3,6	3,8	4,1	4,4
Summe (1a—d)	12,2	23,1	32,6	39,5	48,5	69,7
2. Durch Vermittlung des Wertpapiermarktes:						
a) Erwerb von Rentenwerten, Aktien sowie von Schatzwechseln, U-Schätzen und ähnlichen Geldmarktwerten seitens des Privatpublikums	6,0	5,1	4,9	6,6	6,6	3,9
b) Anderweitg. Unterbringung von lang- und kurzfristigen Reichsschuldtiteln[3]) . . .	1,0	2,0	7,0	9,0	12,0	9,0
Summe (2a—b)	7,0	7,1	11,9	15,6	18,6	12,9
Geldkapitalbildung insgesamt	19,2	30,2	44,5	55,1	67,1	82,6

[1]) 1939 nach den Feststellungen des IfK; die Ziffern für die Jahre 1940/44 sind durch den Verfasser errechnet, zum Teil auch im Wege der Schätzung ermittelt worden.

[2]) ohne die durch den Umtausch von Danziger Gulden und Zloty-Noten bedingte Zunahme.

[3]) insbesondere bei der Deutschen Verrechnungskasse, öffentlichen Fonds und auch bei kleineren Banken; nicht einbegriffen dagegen sind diejenigen Beträge, die bei den Notenbanken Hollands, Belgiens, des Protektorats und des Generalgouvernements untergebracht bzw. von diesen Instituten erworben worden sind.

Als Abschluß der Aufzeigung der Zusammenhänge zwischen Volkseinkommen und Geldkapitalbildung sei nachstehend noch eine kurze Gegenüberstellung dieser beiden geldwirtschaftlichen Grundfaktoren gebracht.

Zeitraum	Volkseinkommen	Geldkapitalbildung	
	in Mrd. RM	in Mrd. RM	in Proz. des Volkseinkommens
1936/38[1])	73,9	7,9	10,7
1939	98,3	19,2	19,5
1940	110,0	30,2	27,5
1941	120,0	44,5	37,1
1942	125,0	55,1	44,1
1943	132,0	67,1	50,8
1944	140,0	82,6	59,0

[1]) Jahresdurchschnittsziffern.

Während die Geldkapitalbildung sich im Durchschnitt der Jahre 1936/38 auf 10,7 % des Volkseinkommens stellte, flossen im Jahre 1944 — auf Grund der in der Kriegszeit von Jahr zu Jahr stärker werdenden Eingriffe in den normalen Wirtschaftsablauf — etwa 38 % des Volkseinkommens in die großen Kapitalsammelbecken des Kredit- und Versicherungsgewerbes; rund 9 % des Volkseinkommens wurden durch den Wertpapiermarkt absorbiert; die dann noch verbleibenden 12 % entstanden durch Geldschöpfung, die in der Ausweitung des Bargeldumlaufs zum Ausdruck kommt.

3. Der Zahlungsverkehr

In allen volkwirtschaftlich-fortschrittlichen Ländern wird der Zahlungsverkehr sowohl in bar als auch in bargeldloser Form abgewickelt.

a) Der Bargeldumlauf

In Deutschland gab es in der Zeit von 1924/45 insgesamt vier verschiedene Sorten baren Geldes, die nebeneinander umliefen: Reichsbanknoten, Rentenbankscheine, Privatbanknoten und Scheidemünzen. Hiervon war allerdings das von den Notenbanken der Länder[15]) ausgegebene Notengeld, die sogenannten „Privatbanknoten", nur bis zum Jahre 1935 im Verkehr, d. h. bis zur Umwandlung dieser Institute in Regionalbanken (ohne Notenprivileg). Ueber die Deckungsvorschriften, die gemäß den Bestimmungen des Bankgesetzes vom 30. August 1924 eine Mindestdeckung von 40 % in Gold und Devisen vorsahen, ist im Rahmen der Einleitung — bei der Erörterung der auf Grund des Dawes-Planes erlassenen gesetzlichen Bestimmungen — bereits ausführlich berichtet worden.

Bargeldumlauf und Notendeckung in den Jahren 1924/32

Angaben in Mill. RM

Jahres-durchschn.-ziffern	Geldumlauf[1])				
	Reichsbank-noten	Rentenbank-scheine	Privatbank-noten	Scheide-münzen	insgesamt
1924	1068	1136	10	186	2900
1925	2308	1537	148	475	4468
1926	2875	1233	156	646	4910
1927	3583	964	163	741	5451
1928	4225	565	165	888	5843
1929	4396	435	163	971	5965
1930	4353	376	165	964	5858
1931	4211	410	170	1036	5827
1932	3820	405	176	1401	5802

1) nach Abzug der Bestände der Reichsbank und der Privatnotenbanken.

15) Bayerische, Sächsische, Badische und Württembergische Staatsbank.

Angaben in Mill. RM

Jahres-durchschnitts-ziffern	Bestände[2]) an			Deckung der in Umlauf befindlichen Banknoten[3]) durch Gold und deckungsfähige Devisen in Prozent
	Gold	deckungsfähigen Devisen	zusammen	
1924	583	53	636	.
1925	1123	352	1475	60,8
1926	1584	427	2011	66,8
1927	1904	226	2130	57,4
1928	2255	244	2499	56,9
1929	2324	277	2601	57,2
1930	2512	388	2900	64,3
1931	1776	220	1996	45,3
1932	910	138	1048	26,2

2) Bestände der Reichsbank und der Privatnotenbanken.
3) ohne Rentenbankscheine.

Diese Ziffern zeigen, daß der im Bankgesetz vom 30. August 1924 verankerte Währungsmechanismus bis zum Jahre 1931, und zwar bis kurz vor Ausbruch der Bankenkrise, reibungslos funktioniert hat. Zu einer Unterschreitung der 40 %igen Mindestdeckungsgrenze kam es — infolge umfangreicher Geldabzüge seitens des Auslandes[16]) — erst im Monat Juli, dem eigentlichen Krisenmonat. Ueber die Entwicklung der Notendeckungsmasse bzw. ihre Veränderungen in der Zeit von Mai 1931 bis zum Schluß des Jahres 1932 unterrichtet im einzelnen die nachstehende Zahlenübersicht.

Angaben in Mill. RM

Monats-durchschnittsziffern	Bestände an			Deckung der in Umlauf befindlichen Banknoten durch Gold und deckungsfähige Devisen in Prozent
	Gold	deckungsfähigen Devisen	zusammen	
1931: Mai	2441	205	2646	63,7
Juni	1790	177	1967	46,9
Juli	1441	244	1685	37,8
August . . .	1426	333	1759	39,6
September . .	1415	308	1723	38,2
Oktober . . .	1228	145	1373	28,7
November . .	1105	168	1273	26,8
Dezember . .	1065	170	1235	25,2
1932: Juni	903	137	1040	26,0
Dezember . .	873	118	991	27,5

16) auf Grund der Kündigung zahlreicher kurzfristiger Kredite durch die ausländischen Geldgeber.

Um ein weiteres Abfließen von Notendeckungsmitteln und damit einen Zusammenbruch des deutschen Währungssystems zu vermeiden, wurden mit den Auslandsgläubigern Stillhalteabkommen abgeschlossen, die eine sukzessive Abwicklung der kurzfristigen Auslandskredite nicht nur vorsahen, sondern auch gewährleisteten. Daß es mit Hilfe dieser Abkommen gelungen ist, binnen kurzer Zeit eine allgemeine Beruhigung herbeizuführen und die damals schwer um ihre Existenz ringende deutsche Wirtschaft vor ernstesten Erschütterungen zu bewahren, die unausbleiblich gewesen wären, wenn die Kreditrückziehungen weiter angehalten hätten, zeigen die Bestandsziffern von Gold und Devisen, die in der zweiten Hälfte des Jahres 1932 eine nennenswerte Veränderung nicht mehr erfahren haben.

Die Entwicklung des Bargeldumlaufs in der Zeit von Ende 1933 bis zum Zusammenbruch im Mai 1945 ist aus der folgenden Tabelle zu ersehen.

Angaben in Mill. RM

Stichtag	Geldumlauf[1])				
	Reichsbanknoten	Rentenbankscheine	Privatbanknoten	Scheidemünzen	insgesamt
Ende 1933	3 633	392	174	1 516	5 715
„ 1934	3 888	385	175	1 525	5 973
„ 1935	4 282	398	150	1 544	6 374
„ 1936	4 989	373	—	1 602	6 964
„ 1937	5 493	391	—	1 615	7 499
„ 1938	8 223	382	—	1 799	10 404
30. 6. 1939	8 731	384	—	1 838	10 953
31. 8. 1939	10 907	398	—	1 969	13 274
Ende 1939	11 798	957	—	1 761	14 516
„ 1940	14 033	1 102	—	1 635	16 770
„ 1941	19 325	.	—	.	22 200[2])
„ 1942	24 375	.	—	.	27 200
„ 1943	33 683	.	—	.	36 600
„ 1944	50 102	.	—	.	53 000
28. 2. 1945	55 500	.	—	.	58 500
7. 3. 1945	56 430	.	—	.	59 400
8. 5. 1945[2])	67 000	.	—	.	70 000[3])

1) nach Abzug der Bestände der Reichsbank und der Privatnotenbanken.

2) „Geldumlauf insgesamt" ab 1941 geschätzt, desgleichen der Notenumlauf per 8. 5. 1945 (letzter veröffentlichter Reichsbankausweis am 7. März 1945).

3) die für Mai 1945 bisweilen genannte Bargeldsumme von 73 Mrd. RM ist zu hoch gegriffen.

Auf die weitere Schrumpfung der primären Deckungsmittel in den Jahren 1933/34 wie auch auf die starke Ausweitung des Notenumlaufs im Kriege wird an späterer Stelle — bei der Erörterung der Politik der Reichsbank und der Erläuterung der von dem deutschen Zentralnoteninstitut veröffentlichten Ausweisziffern — eingegangen werden.

b) Der bargeldlose Zahlungsverkehr

Als repräsentative Ziffern für den Umfang und die Entwicklung des bargeldlosen Zahlungsverkehrs stehen die Umsätze zur Verfügung, die im Abrechnungsverkehr der Reichsbank, im Reichsbankgiroverkehr und im Postscheckverkehr erzielt worden sind.

Angaben in Mrd. RM

Jahresumsatzziffern	Abrechnungsverkehr[1]) (Reichsbank)	Reichsbankgiroverkehr[2])	Postscheckverkehr[2])
1924	36,7	216,7	39,3
1925	63,1	236,2	55,4
1926	83,4	269,7	57,4
1927	104,6	314,4	68,0
1928	121,0	347,4	72,9
1929	126,2	375,3	75,5
1930	119,3	352,3	70,7
1931	85,8	311,1	61,6
1932	55,3	263,2	51,7
1933	52,2	251,8	50,7
1934	58,2	277,7	58,5
1935	58,8	320,2	64,1
1936	61,7	356,5	70,7
1937	71,0	426,8	80,8
1938	78,7	534,1	104,0
1939	85,0	657,4	126,8
1940	89,8	829,4	140,0
1941	90,5	1042,1	172,5
1942	103,6	1304,6	194,4
1943	130,9	1787,4	205,0[3])
1944	146,0	2453,7	

1) einschließlich Berliner Eilavisverkehr. 2) Mittelwert aus Gut- und Lastschriften.
3) Ziffer geschätzt.

Außerdem sind noch zu nennen: der Ueberweisungsverkehr der Banken und Genossenschaften sowie insbesondere der Giroverkehr der Sparkassen (Spargiroverkehr). Von diesen drei nebeneinander bestehenden Ueberweisungssystemen ist das von den Instituten der deutschen Sparkassen- und Giroorganisation[17]) geschaffene System das umfassendste und volkswirtschaftlich auch bedeutendste; das Gironetz dieser Institute mit seinen über 5000 Girostellen war auch zugleich das dichteste deutsche Ueberweisungsnetz. Die Umsätze im Spargiroverkehr, durch dessen Einrichtung[18]) die Vorteile des bargeldlosen Zahlungsverkehrs den breitesten Volksschichten erschlossen wurden, bewegten sich ebenfalls in ständig aufsteigender Linie und

17) öffentliche Sparkassen, regionale Girozentralen und Deutsche Girozentrale.
18) der Spargiroverkehr wurde am gleichen Tage wie der Postscheckverkehr eingeführt (2. Januar 1909).

hatten in den Jahren 1943 und 1944 den Betrag von 200 Mrd. RM erheblich überschritten.

Die Gründe für das sprunghafte Anwachsen der Umsätze im bargeldlosen Zahlungsverkehr, namentlich in der Zeit von 1939/44, sind letzten Endes die gleichen wie für die Ausweitung des Bargeldumlaufs: das Zusammenwirken von Geldschöpfung, Steigerung des Volkseinkommens, verstärkter Geldkapitalbildung und Intensivierung der Wirtschaft auf der ganzen Linie unter Ausschöpfung bzw. Erfassung aller verfügbarer Reserven; da die letztgenannten Maßnahmen in erster Linie auf Drängen des Staates durchgeführt worden sind, haben sich während dieser Zeit — mit zunehmender Einschaltung staatlicher Instanzen in den Wirtschaftsablauf — naturgemäß die Ueberweisungen der öffentlichen Hand sowohl an Zahl als auch hinsichtlich der überwiesenen Beträge besonders stark erhöht.

4. Die wichtigsten Posten des Reichsbankausweises

Das schon mehrfach erwähnte Bankgesetz vom 30. August 1924 war bis Mitte Juni 1939 in Geltung; es hat jedoch während dieses Zeitraumes von rund 15 Jahren eine Reihe von Abänderungen und Ergänzungen erfahren. So wurde das deutsche Zentralnoteninstitut z. B. im Jahre 1931 — im Zusammenhang mit den Maßnahmen, die zur wirksamen Bekämpfung der Krisenerscheinungen ergriffen wurden — ermächtigt, im Wege der Offen-Markt-Politik Wertpapiere aufzunehmen. Andere Bestimmungen wiederum, so u. a. diejenigen über die Erfordernisse der Notendeckung, wurden als

Angaben in Mill. RM

Jahres-durchschnitts-ziffern	Passiva		
	Reichsbanknoten-umlauf	Täglich fällige Verbindlichkeiten	Sonstige Passiva
1925	2316	793	812
1926	2886	721	278
1927	3593	669	290
1928	4235	557	239
1929	4403	543	299
1930	4361	481	230
1931	4228	426	552
1932	3844	389	743
1933	3373	396	336
1934	3561	644	205
1935	3731	808	255
1936	4232	708	235
1937	4778	739	268
1938	6228	983	315

Angaben in Mill. RM

Jahres-durch-schnitts-ziffern	Aktiva					
	Gold und Devisen	Reichs-wechsel	Sonstige Wechsel u. Schecks	Lombard-forde-rungen	Wert-papiere	Sonstige Aktiva[1])
1925	1399	—	1574	22	187	679
1926	1923	—	1284	36	130	467
1927	2041	—	2097	51	94	443
1928	2405	4	2204	60	94	524
1929	2506	54	2221	110	93	522
1930	2806	19	1786	104	99	539
1931	1914	38	2609	172	104	684
1932	975	19	3013	144	326	807
1933	530	20	2885	99	372	530
1934	165	15	3214	92	696	519
1935	91	15	3702	56	693	639
1936	75	22	4295	49	568	581
1937	75	15	4893	43	433	744
1938	76	11	6039	45	689	1130

1) ohne Rentenbankscheine.

nicht mehr bindend bzw. als wirtschaftlich überholt angesehen, weil sie den Politikern des „Dritten Reiches" für die Verwirklichung ihrer Vorhaben hindernd im Wege standen.

Es wurde bereits an anderer Stelle darauf hingewiesen, daß es im Jahre 1932 durch Stillhalteverhandlungen mit den ausländischen Geldgebern gelungen war, einer weiteren Schrumpfung des Bestandes an Gold und Devisen Einhalt zu gebieten. Im Sommer des Jahres 1934 hatte jedoch diese volkswirtschaftliche Liquiditätsreserve, die nur im äußersten Notfall hätte angegriffen werden dürfen, aus dem vorstehend genannten Grunde die Höhe eines „Erinnerungspostens" erreicht.

Monats-durchschnitts-ziffern	Bestände an Gold und Devisen in Mill. RM	Deckung der im Umlauf befindlichen Reichsbanknoten[1]) in Prozent
1933: Januar . . .	921	28,1
Juli.	303	9,0
1934: Januar . . .	392	11,6
Juli.	78	2,2

1) durch Gold und deckungsfähige Devisen.

Ueber die Entwicklung der wichtigsten Ausweisziffern im Krisenjahr 1931 unterrichtet die nachstehende Uebersicht.

Angaben in Mill. RM

Monats-durchschnitts-ziffern	Reichs-banknoten-umlauf	Tägl. fäll. Verbind-lichkeiten	Gold- und Devisen-bestand	Wechsel- und Schecks[1])	Lombard-forde-rungen
1931: Mai	4009	335	2556	1581	140
Juni	3997	356	1877	2164	179
Juli	4230	517	1601	2842	318
August	4262	587	1689	3155	143
September	4331	495	1653	3108	189
Oktober	4542	514	1304	3798	186
November	4478	434	1201	3792	150
Dezember	4604	503	1162	3884	208
1932: Juni	3851	403	967	2995	150
Dezember	3443	408	918	2661	123

1) ohne Reichswechsel.

Charakteristisch für die Krisenmonate ist die gegenläufige Bewegung der Positionen „Gold und Devisen" einerseits und „Wechsel und Schecks" andererseits. Auffällig dagegen ist der geringe Umfang der Lombardforderungen, die im Monat Juli 1931 mit 318 Mill. RM ihren höchsten Stand erreichten, was darauf zurückzuführen ist, daß die Reichsbank die Lombardierung großer Effektenbestände ablehnte; dieses negative Verhalten der deutschen Zentralnotenbank, von dem namentlich die Sparkassen betroffen waren, die gemäß den für sie geltenden Anlagebestimmungen namhafte Beträge der ihnen anvertrauten Mittel in lombardfähigen Wertpapieren anzulegen hatten[19]), hat in hohem Maße zu der starken Zuspitzung der geldwirtschaftlichen Situation im Sommer 1931 beigetragen.

In Ergänzung zu den vorstehend aufgeführten Ziffern sei ferner erwähnt, daß außerdem noch als Sicherheit für in Anspruch genommene ausländische Rediskontkredite recht stattliche Wechselbestände hinterlegt waren, und zwar:

1931:	ab Juli	630 Mill. RM
1932:	ab März	588 Mill. RM
1932:	ab Juni	567 Mill. RM
1932:	ab Dezember	550 Mill. RM
1933:	ab März	483 Mill. RM
1933:	ab April	189 Mill. RM

Die Abdeckung der letzten Rediskontkredite ist im Juni 1933 erfolgt.

19) die deutschen öffentlichen Sparkassen verfügten zu jener Zeit über eine „Liquiditätsreserve" von mehr als zwei Mrd. RM in Gestalt von lombardfähigen Wertpapieren.

Die Steigerung, die die Position „Wertpapiere" seit dem Jahre 1932 aufweist, hängt mit der zu Eingang dieses Kapitels schon erwähnten Offen-Markt-Politik zusammen. Besonders umfangreiche Interventionskäufe wurden seitens der Reichsbank namentlich in den ersten Kriegsmonaten vorgenommen; Ende Oktober 1939 betrug allein der Bestand an „deckungsfähigen Wertpapieren" 1440 Mill. RM, der sich dann allerdings sehr schnell verminderte; Ende Januar 1940 stellte er sich noch auf 374 Mill. RM, hatte also innerhalb eines Zeitraumes von nur drei Monaten eine Ermäßigung um mehr als eine Mrd. RM erfahren.

An die Stelle des seinerzeit im Zusammenhang mit dem Dawes-Plan erlassenen Bankgesetzes vom 30. August 1924 trat Mitte Juni 1939 ein neues Gesetz, das „Gesetz über die Deutsche Reichsbank". Dieses neue Gesetz brachte sehr grundlegende Aenderungen auf geld- und währungswirtschaftlichem Gebiete. So wurden u. a. die Beschränkungen aufgehoben, die bis zu diesem Zeitpunkte sowohl für den dem Reich von der Reichsbank einzuräumenden Betriebskredit als auch bezüglich des Schatzwechselkredites des Reiches bestanden hatten, dessen Umfang bisher auf maximal 400 Mill. RM bemessen war. Des weiteren brachte das Gesetz vom 15. Juni 1939 den Uebergang von der manipulierten Goldwährung zur „Arbeitswährung"; de facto bedeutete dies allerdings lediglich eine Anpassung der gesetzlichen Bestimmungen an einen bereits seit mehreren Jahren vorhandenen Zustand. Nach den Deckungsvorschriften dieses Gesetzes mußten die umlaufenden Reichsbanknoten durch Wechsel und Schecks, Schatzwechsel, Lombards und deckungsfähige Wertpapiere gedeckt sein und erst in zweiter Linie durch Gold und Devisen, die von der Reichsbank in einer Höhe gehalten werden sollten, die „nach ihrem Ermessen zur Regelung des Zahlungsverkehrs mit dem Auslande und zur Aufrechterhaltung des Wertes der Währung erforderlich ist". Die Rangordnung der Deckungsmittel war also genau umgekehrt wie früher; neu war die Einbeziehung der Schatzwechsel des Reichs und auch der unverzinslichen Reichsschatzanweisungen in die Deckungsmasse. Die Richtschnur für die währungspolitischen Bestimmungen war jedoch auch in dem neuen Bankgesetz der Grundsatz der Quantitätstheorie, dem zufolge die Stabilität einer Währung auf dem Gleichgewicht zwischen Geld- und Gütermenge beruht oder — wie es in der von der Reichsbank formulierten Begründung hieß — daß es notwendig ist, „daß das von der Notenbank ausgegebene Geld in einem angemessenen Verhältnis zu dem Umsatz der mit deutscher Arbeit geschaffenen Lebens- und Verbrauchsgüter gehalten wird".

Die folgende Aufstellung vermittelt einen Ueberblick über die wichtigsten Positionen des Reichsbankausweises in der Zeit vom Beginn des Jahres 1939 bis Mai 1945.

Angaben in Mill. RM

Stichtag	Passiva		Aktiva		
	Reichsbanknotenumlauf	Tägl. fäll. Verbindlichkeiten	Wechsel, Schecks und Reichsschatzwechsel	deckungsfähige Wertpapiere	Sonstige Aktiva[1])
2. 1. 1939	8 223	1 527	8 244	557	1 505
30. 6. 1939	8 731	1 281	8 159	929	1 514
31. 8. 1939	10 907	1 480	10 272	1 013	1 876
Ende 1939	11 798	2 018	11 392	804	2 033
„ 1940	14 033	2 561	15 419	32	1 726
„ 1941	19 325	3 649	21 656	107	2 085
„ 1942	24 375	5 292	29 283	87	1 306
„ 1943	33 683	8 186	41 342	—	1 809
„ 1944	50 102	13 535	63 497	.	1 930
7. 3. 1945[2])	56 430	16 710	72 070	110	2 170
8. 5. 1945[3])	67 000	18 000	84 000	.	.

1) ohne Rentenbankscheine. 2) letzter veröffentlichter Reichsbankausweis.
3) Ziffern geschätzt.

Die große Ausweitung des Notenumlaufes war nur möglich auf Grund des von Jahr zu Jahr in immer stärkerem Maße in Anspruch genommenen Schatzwechselkredites und der Einbeziehung der Reichsschatzwechsel in die Notendeckungsmasse. Man wird kaum fehl gehen, wenn man unterstellt, daß diese Bestimmung in das neue Bankgesetz angesichts der in den Jahren 1938/39 ständig gestiegenen außenpolitischen Spannung aufgenommen worden ist, um das Reich im Falle eines Krieges in die Lage zu setzen, sich jede Summe Geldes durch Ausgabe von Schatzwechseln und den diesen hinsichtlich ihrer Konstruktion sehr ähnlichen unverzinslichen Reichsschatzanweisungen[20]) zu verschaffen. Daß das Reich bestrebt gewesen ist, seine Ausgaben — soweit sie nicht durch die Einnahmen aus Steuern, Zöllen und sonstigen Einkünften gedeckt werden konnten — überwiegend durch Inanspruchnahme des Geldmarktes zu bestreiten, zeigt die Entwicklung der Reichsschuld im Kriege, innerhalb der sich die gegen Ausgabe von Schatzwechseln und U-Schätzen beschafften Kreditmittel um etwa 217 Mrd. RM erhöht haben, während die Anleiheschulden eine Zunahme von schätzungsweise 118 Mrd. RM aufweisen. Soweit die vom Reich ausgegebenen kurzfristigen Schuld-

20) die unverzinslichen Reichsschatzanweisungen (auch kurz „U-Schätze" genannt) waren allerdings — im Gegensatz zu den Reichsschatzwechseln — nur lombardfähig, sofern ihre Laufzeit nicht mehr als ein Jahr betrug.

titel von den Unternehmungen des deutschen Kreditgewerbes und anderen, insbesondere öffentlichen Stellen nicht abgenommen wurden, verblieben sie im Portefeuille der Reichsbank. Zu Beginn des Krieges bestand der Inhalt des Portefeuilles der Zentralnotenbank zum weitaus größten Teil noch aus Handels-, vor allem aber aus Sonder- oder Blockwechseln (den sogenannten „Mefo-Wechseln"); am Schluß des Krieges setzte sich der Wechselbestand der Reichsbank fast nur noch aus Reichsschatzwechseln zusammen, die — da andere Mittel nicht mehr vorhanden waren — nunmehr allein als Deckung für die im Verkehr befindlichen Reichsbanknoten dienten.

Der starke Zuwachs, den die Position „Täglich fällige Verbindlichkeiten" im Jahre 1944, namentlich jedoch in den letzten Kriegsmonaten aufweist, ist auf das Bestreben der Kreditinstitute zurückzuführen, eine möglichst hohe Barreserve zu unterhalten, eine Tendenz, die in den vom Landkrieg unmittelbar bedrohten Gebieten besonders stark gewesen ist. Diese zunehmende, allenthalben beobachtete Liquiditätsvorsorge hat ebenfalls in großem Umfange zur Anfüllung des Wechselportefeuilles der Reichsbank mit Schatzwechseln beigetragen.

Seit Beginn des Jahres 1943 bestand der Ausweis der deutschen Zentralnotenbank praktisch fast nur noch aus drei Positionen, hinter die alle anderen an Bedeutung zurücktraten, nämlich: aus dem Bestand an Reichsschatzwechseln auf der Aktivseite und den beiden Gegenposten auf der Passivseite, dem Reichsbanknotenumlauf und den täglich fälligen Verbindlichkeiten, d. h. den Giroguthaben der Kundschaft.

5. Die Hauptquellen der Geldkapitalbildung

Bei der Darstellung der Hauptquellen der Geldkapitalbildung soll aus Gründen der Uebereinstimmung nach Möglichkeit dieselbe Einteilung vorgenommen werden wie in dem die Geldkapitalbildung behandelnden Abschnitt. Wenn hierbei — und zwar gilt dies namentlich für die Periode 1933/38 — zwischen den korrespondierenden Summen bisweilen gewisse, allerdings durchweg nur unerhebliche Abweichungen festzustellen sind, so ist das in erster Linie darauf zurückzuführen, daß die in diesem Kapitel verzeichneten Ziffern teilweise nachträglich, d. h. nachdem die Erhebungen des IfK für die betreffenden Jahre bereits abgeschlossen waren, noch einige Korrekturen erfahren haben. Jedoch soll sich diesmal, da das hier erstelte Zahlenmaterial den Ausgangspunkt für die späteren geldwirtschaftlichen Betrachtungen bildet, die Untersuchung auch auf die Zeit 1925/32 erstrecken, was bei der Ermittlung der Geldkapitalbildung aus den dort näher angeführten Gründen unterblieben ist.

a) Die Entwicklung in der Zeit von 1925/31

Angaben in Mill. RM

	1925	1926	1927	1928	1929	1930	1931
I. Spareinlagen							
a) Sparkassen	1 694	3 182	4 839	7 205	9 314	10 752	10 123
b) Banken	.	.	.	.	.	.	.
c) Landwirtschaftliche Kreditgenossenschaften	228	451	748	1 093	1 462	1 573	1 599
d) Volksbanken (gewerbliche Kreditgenossenschaften)[1]	269	472	655	963	1 149	1 238	1 017
e) Genossenschaftl. Zentralkassen	.	.	.	.	.	.	.
f) Sonstige Institute[2] ..	92	156	299	432	551	611	508
Summe I	2 283	4 261	6 541	9 693	12 476	14 174	13 247
II. Depositen und Girogelder							
a) Banken[3]	10 373	12 882	15 323	16 189	15 699	14 255	10 641
b) Sparkassen	811	1 094	1 235	1 423	1 401	1 497	1 292
c) Landwirtschaftliche Kreditgenossenschaften	180	230	264	302	350	334	279
d) Volksbanken (gewerbliche Kreditgenossenschaften)	230	293	323	356	362	360	292
e) Genossenschaftl. Zentralkassen	88	128	139	179	163	157	135
f) Postscheckguthaben ..	572	572	610	606	689	616	547
Summe II	12 254	15 199	17 894	19 055	18 664	17 219	13 186
III. Versicherungsgelder							
a) Lebensversicherungsanstalten	240	473	1 391	1 794	2 281	2 840	3 353
b) Angestelltenversicherung	475	642	936	1 336	1 314	1 773	2 011
c) Invalidenversicherung	330	535	734	1 003	1 642	1 697	1 524
Summe III	1 045	1 650	3 061	4 133	5 237	6 310	6 888
Gesamtsumme	15 582	21 110	27 496	32 881	36 377	37 703	33 321

1) einschl. Beamtenbanken.

2) 1925/26 nur Verbrauchergenossenschaften, ab 1927 Verbrauchergenossenschaften und Arbeitnehmerbanken.

3) einschl. Spareinlagen.

b) Die Entwicklung in der Zeit von 1932/38

Angaben in Mill. RM

	1932	1933	1934	1935	1936	1937	1938
I. Spareinlagen							
a) Sparkassen	11 448	12 110	12 814	13 803	14 615	16 062	18 009
b) Banken	.	.	.	1 314	1 273	1 507	1 856
c) Landwirtschaftliche Kreditgenossenschaften	1 477	1 470	1 624	1 803	1 964	2 193	2 524
d) Volksbanken (gewerbliche Kreditgenossenschaften)[1]	950	979	1 044	1 077	697	740	854
e) Genossenschaftl. Zentralkassen	.	.	.	52	52	62	63
f) Sonstige Institute[2] ..	409	305	272	222	809	779	768
Summe I	14 284	14 864	15 754	18 271	19 410	21 343	24 074
II. Depositen und Girogelder							
a) Banken[3]	9 955	9 711	10 531	9 094	9 722	10 365	11 449
b) Sparkassen	1 509	1 600	1 775	2 024	2 243	2 529	2 865
c) Landwirtschaftliche Kreditgenossenschaften	292	222	243	314	375	422	499
d) Volksbanken (gewerbliche Kreditgenossenschaften)	254	273	293	376	760	865	1 028
e) Genossenschaftl. Zentralkassen	135	182	187	132	147	148	170
f) Postscheckguthaben ..	590	558	636	687	771	846	1 294
Summe II	12 735	12 546	13 665	12 627	14 018	15 175	17 305
III. Versicherungsgelder							
a) Lebensversicherungsanstalten	3 806	4 215	4 625	5 110	5 704	6 358	7 068
b) Angestelltenversicherung	2 107	2 259	2 485	2 706	3 071	3 468	3 944
c) Invalidenversicherung	1 350	1 308	1 474	1 718	2 000	2 444	3 117
Summe III	7 263	7 782	8 584	9 534	10 775	12 270	14 129
Gesamtsumme	34 282	35 192	38 003	40 432	44 203	48 788	55 508

1) bis 1935 einschl. Beamtenbanken.

2) bis 1935 Verbrauchergenossenschaften und Arbeitnehmerbanken, ab 1936 Bausparkassen, Werksparkassen, Beamtenbanken, Verbrauchergenossenschaften und Baugenossenschaften.

3) bis 1934 einschl. Spareinlagen.

c) Die Entwicklung in der Zeit von 1939/44

Angaben in Mill. RM

	1939	1940	1941	1942	1943	1944[3])
I. Spareinlagen						
a) Sparkassen	21 532	27 838	37 750	51 232	66 941	85 000
b) Banken	2 295	3 164	4 496	6 375	8 443	10 600
c) Landwirtschaftliche Kreditgenossenschaften	3 462	4 391	5 894	8 154	10 723	14 000
d) Volksbanken (gewerbliche Kreditgenossenschaften	1 524	2 009	2 813	3 725	5 500	8 000
e) Genossenschaftl. Zentralkassen	63	71	104	142	199	250
f) Sonstige Institute[1]) ..	835	872	910[2])	950	1 000	1 100
g) Postsparkasse	233	547	1 302	2 787	5 000	8 200
Summe I	29 944	38 892	53 269	73 365	97 806	127 250
II. Depositen und Girogelder						
a) Banken	14 600	19 896	24 949	30 803	35 148	46 000
b) Sparkassen	4 167	5 790	7 658	9 023	11 798	14 800
c) Landwirtschaftliche Kreditgenossenschaften	717	1 037	1 443	1 988	2 824	4 000
d) Volksbanken (gewerbliche Kreditgenossenschaften)	1 460	1 923	2 600[2])	3 600	4 500	6 500
e) Genossenschaftl. Zentralkassen	207	228	299	417	627	750
f) Postscheckguthaben..	1 524	1 827	2 300[2])	3 000	3 800	4 800
Summe II	22 675	30 701	39 249	48 831	58 697	76 850
III. Versicherungsgelder						
a) Lebensversicherungsanstalten	7 833	9 014				14 000
b) Angestelltenversicherung	4 559	5 414				9 800
c) Invalidenversicherung	4 039	4 899	.	.	.	8 600
Summe III	16 431	19 326	22 400[2])	25 600	28 900	32 400
Gesamtsumme	69 050	88 919	114 918	147 796	185 403	236 500

1) Bausparkassen, Werksparkassen, Beamtenbanken, Verbrauchergenossenschaften und Baugenossenschaften. — 2) ab 1941 geschätzt. — 3) Ziffern geschätzt.

Nähere Erläuterungen zu diesen drei Entwicklungsphasen sind nicht mehr erforderlich, da alles das, was hierzu zu sagen wäre, bereits an früherer Stelle dargelegt worden ist[21]).

21) vgl. hierzu die Ausführungen im Kapitel „Geldkapitalbildung" auf Seite 15 ff.

6. Das von den Instituten des deutschen Kredit- und Versicherungsgewerbes verwaltete Geldkapital und seine Verwendung

Um den Umfang des von den maßgeblichen Instituten des deutschen Kredit- und Versicherungsgewerbes verwalteten Kapitalfonds zu ermitteln, sind in der nachstehenden Uebersicht die in dem voraufgehenden Abschnitt nach Institutsgruppen aufgegliederten verschiedenartigen Geldbeträge tabellarisch zusammengefaßt und zur Abrundung des allgemeinen Bildes auch noch diejenigen Mittel einbezogen, die sich die Boden- und Kommunalkreditinstitute im Anleihewege beschafft haben.

a) Der Kapitalfonds[1])

Angaben in Mill. RM

Ende	Kapitalfonds insgesamt	Aufgliederung des Kapitalfonds: Spareinlagen	Depositen und Girogelder	Mittel der Lebens- und Sozialversicherung	im Anleihewege beschaffte Mittel[2])
1924	.	832	.	640	3 796
1925	20 278	2 283	12 254	1 045	4 696
1926	28 028	4 261	15 199	1 650	6 918
1927	36 278	6 541	17 894	3 061	8 782
1928	43 410	9 693	19 055	4 133	10 529
1929	47 425	12 476	18 664	5 237	11 048
1930	49 827	14 174	17 219	6 310	12 124
1931	45 759	13 247	13 186	6 888	12 448
1932	46 188	14 284	12 735	7 263	11 906
1933	46 955	14 864	12 546	7 782	11 763
1934	51 820	15 754	13 665	8 584	13 817
1935	54 579	18 271[3])	12 627	9 534	14 147
1936	58 416	19 410[4])	14 018	10 775	14 213
1937	63 021	21 343	15 175	12 270	14 233
1938	69 621	24 074	17 305	14 129	14 113
1939[5])	83 865	29 944	22 675	16 431	14 815
1940	103 872	38 892	30 701	19 326	14 953
1941	129 518	53 269	39 249	22 400	14 600
1942	162 646	73 365	48 831	25 600	14 850
1943	200 003	97 806	58 697	28 900	14 600
1944[6])	250 450	127 250	76 850	32 400	13 950

1) Kreditbanken, Boden- und Kommunalkreditinstitute, Sparkassen, Genossenschaften sowie die Anstalten der Lebens- und Sozialversicherung.

2) durch Ausgabe von Pfandbriefen, Kommunalobligationen und ähnlichen Schuldverschreibungen.

3) ab 1935 einschl. Spareinlagen der Banken (bis 1934 in den Ziffern der Depositen mitenthalten).

4) ab 1936 einschl. Einlagen der Bausparkassen.

5) ab 1939 erweitertes Reichsgebiet.

6) Ziffern geschätzt.

In welcher Weise diese den Instituten der deutschen Geldwirtschaft anvertrauten Mittel Verwendung gefunden haben, sei es durch direkte Ausleihungen, sei es durch Erwerb von Anlagewerten des Geld- oder Kapitalmarktes, zeigt im einzelnen die folgende Zusammenstellung.

b) Die Vermögensanlagen[1])

Angaben in Mill. RM

Ende	Wechsel[2])	Wertpapiere[3])	Debitoren[4])	Reports	Rembourskredite[5])	Langfristige Ausleihungen[6])	Akzeptkredite	Vermögensanlagen insgesamt
1924	4 561	447	.	125	281	5 256	.	.
1925	5 897	718	.	266	508	6 884	.	.
1926	5 669	1 741	.	1 089	550	10 506	.	.
1927	7 016	2 506	.	866	972	14 318	.	.
1928	8 099	4 987	16 008	1 303	2 082	21 031	776	54 286
1929	8 164	5 464	17 808	987	2 508	24 153	773	59 857
1930	7 532	6 272	18 097	695	2 631	27 225	1 016	63 468
1931	6 698	6 806	16 025	269	1 482	28 117	2 470	61 867
1932	5 622	6 651	14 371	136	1 245	27 455	2 403	57 883
1933	5 942	6 847	13 598	84	838	29 355	3 128	59 792
1934	8 579	9 474	11 631	85	596	32 693	2 878	65 936
1935	10 934	11 698	11 197	55	424	33 321	2 714	70 343
1936	13 023	13 894	11 621	47	394	34 713	2 016	75 708
1937	15 804	16 245	11 337	44	477	35 908	1 680	81 495
1938	19 145	21 335	12 135	37	491	36 757	2 075	91 975
1939[7])	27 446	26 966	15 793	.	.	38 798	1 612	110 615
1940	41 390	39 425	13 835	.	.	38 584	3 310	136 544

1) Notenbanken, Kreditbanken, Boden- und Kommunalkreditinstitute, Sparkassen, Genossenschaften sowie die Anstalten der Lebens- und Sozialversicherung.
2) einschl. Schatzwechselkredite, jedoch ohne Bankakzepte.
3) einschl. Konsortialbeteiligungen.
4) kommunale, sonstige und Effektendebitoren, jedoch ohne Kredite an Banken.
5) einschl. Warenvorschüsse. — 6) Hypotheken, kommunale und sonstige Darlehen.
7) ab 1939 erweitertes Reichsgebiet.

Diese Globalziffern, die auch das Anlagevermögen der Reichsbank, der Deutschen Golddiskontbank und (bis zum Jahre 1935) dasjenige der Privatnotenbanken der Länder einschließen, brechen mit dem 31. Dezember 1940 ab. Nach diesem Zeitpunkt haben derart umfassende Erhebungen nicht mehr stattgefunden. Die Entwicklung in den Jahren 1941/44 ist jedoch allgemein dadurch gekennzeichnet, daß angesichts der umfangreichen Emissionen des Reiches sowohl an kurzfristigen als auch an langfristigen Schuldtiteln der Bestand an Schatzwechseln, U-Schätzen und Wertpapieren bei sämtlichen Instituten der deutschen Geldwirtschaft außerordentlich stark zugenommen hat, während die langfristigen Ausleihungen[22]) — in ihrer

22) bei den Sparkassen übrigens auch die kurzfristigen Ausleihungen.

Gesamtheit betrachtet — als Folge der großen Geldflüssigkeit eine erhebliche Verminderung erfahren haben; im Gegensatz hierzu sind die kurzfristigen Ausleihungen der Banken namentlich in den Jahren 1941/43 recht beträchtlich gestiegen; bei ihnen setzte die rückläufige Bewegung erst im Frühjahr 1944 ein.

Auf Einzelheiten dieser Entwicklung wird noch an späterer Stelle, bei der Erörterung der Geschäftstätigkeit der verschiedenen Institutsgruppen eingegangen werden.

7. Die geschäftliche Entwicklung der Banken

Eine kontinuierliche Darstellung der Bankenentwicklung ist auf Grund des verfügbaren Zahlenmaterials erst vom Jahre 1929 an möglich. Bekannt sind von den vorhergehenden Jahren lediglich die Ziffern über den Umfang der Depositen- und Spareinlagen; diese betrugen zusammen

Ende 1925	10 373 Mill. RM
„ 1926	12 882 Mill. RM
„ 1927	15 323 Mill. RM
„ 1928	16 189 Mill. RM

Um jedoch wenigstens die Tendenz bezüglich der sonstigen Tätigkeit, insbesondere hinsichtlich des Anlage- und Kreditgeschäfts der deutschen Banken in den Jahren 1925/28 aufzuzeigen, seien nachstehend die Ziffern der Berliner Großbanken wiedergegeben, die für die Gesamtentwicklung im Bankensektor während dieses Zeitraumes als repräsentativ angesehen werden können.

Die Berliner Großbanken in den Jahren 1925/29[1])

1. Passiva Angaben in Mill. RM

Stichtag	Art der Einlagen			Gesamteinlagen		Akzeptverpflichtungen	Bilanzsumme
	seitens der Kundschaft bei Dritten benutzte Kredite	Einlagen deutscher Kreditinstitute	Einlagen sonstiger Gläubiger	Bestand	Veränderungen		
28. 2. 25	264	509	2 799	3 572		74	
28. 2. 26	326	601	3 603	4 530	+ 958	229	
Ende 1926	.	755	5 423	6 178	+ 1 648	345	7 358
„ 1927	662	797	6 242	7 701	+ 1 523	422	9 194
„ 1928	1 380	1 171	8 433	10 984	+ 3 283	472	12 673
„ 1929	1 878	942	9 218	12 038	+ 1 054	513	13 765

1) die wichtigsten Bilanzposten.

2. Aktiva

a) Geld- und Kapitalmarktwerte

Stichtag	Wechsel und Schecks	Schatzwechsel und U-Schätze	Nostro- und kurzfällige Bankguthaben	Wertpapiere und Konsortial-Beteiligungen
28.2.1925	884 [2])	.	624	137
28.2.1926	1 244 [2])	.	632	136
Ende 1926	1 606 [2])	.	836	106 [3])
,, 1927	1 914 [2])	.	1 074	235
,, 1928	2 666	152	1 361	297
,, 1929	2 595	442	1 299	379

2) einschl. Schatzwechsel und U-Schätze.
3) nur Wertpapiere.

b) Ausleihungen

Stichtag	Art der Debitoren		Debitoren insgesamt		Reports und Lombards	Warenvorschüsse und Rembourskredite
	Kreditinstitute	sonstige Schuldner	Bestand	Veränderungen		
28.2.1925	.	.	1 874	.	54	333
28.2.1926	.	.	2 400	+ 526	185	440
Ende 1926	.	.	4 172	+ 1 772	.	.
,, 1927	.	.	3 951	— 221	557	814
,, 1928	326	4 642	4 968	+ 1 017	789	1 643
,, 1929	464	5 298	5 762	+ 794	562	1 972

Diesen Ziffern zufolge bewegten sich sowohl das Einlagengeschäft als auch das Kreditgeschäft — als Ganzes betrachtet — in aufsteigender Linie. Weitere zuverlässige Anhaltspunkte für die Entwicklung des Aktivgeschäftes der Banken in den ersten Jahren nach der Währungsstabilisierung bietet ferner die auf Seite 33 verzeichnete Aufstellung über das Kreditengagement der zum deutschen Kredit- und Versicherungsgewerbe zählenden Unternehmungen und Anstalten. Die beiden folgenden Aufstellungen enthalten nun die wichtigsten Posten aus den Bankbilanzen bis zum Jahre 1944.

Die geschäftliche Entwicklung der Banken in der Zeit von 1929 bis 1944[1])

Die wichtigsten Posten aus den Bankbilanzen

a) Passiva

Angaben in Mill. RM

Stichtag	Gläubiger					Spar-einlagen	Akzeptver-pflichtungen	Bilanz-summe
	insgesamt	darunter befinden sich						
		Einlagen deutscher Kreditinst.	Einlagen sonstiger Gläubiger	jederzeit fällige Gelder	Fest- und Kündigungs-gelder			
Ende 1929	21 753[2])	3 805	15 699[2])	7 904[3])	11 600	·	688	29 900
„ 1930	20 654[2])	3 908	14 255[2])	7 916[3])	10 247	·	936	29 993
„ 1931	15 071[2])	2 958	10 641[2])	7 118[3])	6 481	·	1 734	25 077
„ 1932	14 694[2])	3 513	9 955[2])	6 198[3])	7 270	·	1 379	24 064
„ 1933	14 787[2])	4 356	9 711[2])	6 912[3])	7 155	·	2 036	25 015
„ 1934	16 010[2])	4 926	10 531[2])	8 009[3])	7 448	·	2 401	27 264
„ 1935	14 920	4 586	9 094	6 999	6 681	1 314	1 924	27 911
„ 1936	15 477	4 605	9 722	7 414	6 913	1 372	1 451	28 177
„ 1937	17 062	5 718	10 365	8 193	7 890	1 408	810	28 255
„ 1938	18 789	6 467	11 449	9 566	8 350	1 744	833	29 876
„ 1939[4])	25 194	9 950	14 600	12 994	11 556	2 295	917	39 303
„ 1940	35 623	15 038	19 896	17 185	17 749	3 164	705	51 103
„ 1941	50 905	25 100	24 949	22 309	27 740	4 496	704	68 496
„ 1942	68 002	36 181	30 803	29 970	37 014	6 375	669	88 161
„ 1943	86 129	49 623	35 148	35 140	49 631	8 443	684	109 046
30. 9. 1944[5])	107 445	62 630	43 156	43 006	62 780	10 273	719	133 139

[1]) Großbanken, Spezial-, Haus- und Branchebanken, sonstige Kreditbanken, Staats- und Landesbanken, regionale Girozentralen und Deutsche Girozentrale. — [2]) mit Spareinlagen und Nostroverpflichtungen. — [3]) Summe der innerhalb 7 Tagen fälligen Kreditoren ohne die seitens der Kundschaft bei Dritten benutzten Kredite. — [4]) ab 1939 erweitertes Reichsgebiet. — [5]) letzte Erhebung vor Kriegsschluß.

Die geschäftliche Entwicklung der Banken in der Zeit von 1929 bis 1944

Die wichtigsten Posten aus den Bankbilanzen

b) Aktiva

Angaben in Mill. RM

Stichtag	Wechsel	Schatzwechsel und U-Schätze	Wertpapiere und Konsortialbeteiligungen	Nostro- und kurzfällige Bankguthaben	Schuldner insgesamt	Schuldner davon Kreditinstitute	Schuldner davon sonstige Schuldner	Rembourskredite	Sonstige Warenvorschüsse
Ende 1929	4 106[1]	812	1 150	2 840	11 227[2]	1 254	9 973	2 126	234
,, 1930	3 415[1]	1 011	1 125	2 634	11 139[2]	1 108	10 031	2 384	178
,, 1931	1 831[1]	1 057	1 446	1 264	9 802[2]	1 121	8 681	1 279	160
,, 1932	2 161[1]	1 188	1 485	1 420	9 005[2]	934	8 071	1 039	172
,, 1933	2 760[1]	1 339	1 545	1 981	8 670[2]	701	7 969	666	144
,, 1934	3 541[1]	1 855	2 463	2 412	8 193[2]	692	7 501	413	131
,, 1935	3 808	1 964	2 905	2 295	7 015	678	6 337	235	157
,, 1936	5 043	1 650	3 133	1 995	6 547	651	5 896	214	152
,, 1937	6 145	1 540	3 443	2 173	5 829	717	5 112	219	214
,, 1938	5 433	3 261	3 894	2 123	6 318	756	5 562	197	237
,, 1939[3]	4 927	8 851	3 696	3 191	8 327	1 013	7 314	120	197
,, 1940	5 830	16 090	6 673	3 541	8 416	1 663	6 753	79	227
,, 1941	5 579	26 362	9 905	4 894	10 513	2 506	8 007	18	278
,, 1942	6 348	38 301	11 405	7 051	12 991	3 264	9 727	5	402
,, 1943	6 331	51 249	12 740	8 386	17 554	5 081	12 473	2	369
30. 9. 1944[4]	3 941	74 910	12 812	10 986	18 334	5 958	12 376	1	261

1) mit Schecks. — 2) mit durchlaufenden Krediten. — 3) ab 1939 erweitertes Reichsgebiet. — 4) letzte Erhebung vor Kriegsschluß.

Die Banken in der Zeit von 1929/44[23])

Das Verhältnis von jederzeit fälligen Geldern einerseits und befristeten Einlagen andererseits ist ein Gradmesser für die jeweilige Verfassung des Geldmarktes. In Zeiten großer Geldflüssigkeit pflegt der Anteil der Fest- und Kündigungsgelder am Gesamteinlagenbestand erheblich größer zu sein als der Anteil der jederzeit fälligen Gelder. Aus dieser Wechselwirkung erklären sich der hohe Bestand der Termingelder in den Jahren 1929/30 und auch — vom Jahre 1940 an — das ständige Anwachsen der befristeten Einlagen, die im Herbst 1944 mit rund 63 Mrd. RM die sich auf 43 Mrd. RM belaufenden jederzeit fälligen Gelder um beinahe 50 % überstiegen. Nach Ausschaltung der in diesen Ziffern enthaltenen Doppelzählungen beliefen sich an dem vorgenannten Zeitpunkt die jederzeit fälligen Gelder auf 38,6 Mrd. RM und die befristeten Einlagen auf 54,5 Mrd. RM. Von letzteren entfällt der weitaus größte Teil auf die in den Bilanzen der Girozentralen und der Deutschlandkasse enthaltenen Sparkassen- und Genossenschaftsgelder, die am 30. September 1944 insgesamt etwa 42,9 Mrd. RM betragen haben. Auf die finanziellen Verflechtungen wird im Rahmen des Kapitels, das sich mit der geschäftlichen Entwicklung im Sparkassen- und Genossenschaftssektor befaßt, noch näher eingegangen werden; insbesondere wird dort auch der Grad der Verflechtung ziffernmäßig dargelegt werden.

In den Jahren 1929/30 war die Geldflüssigkeit in erster Linie durch die in großem Umfange hereingeströmten Auslandsgelder bedingt, während die Geldflüssigkeit im Kriege auf inneren Ursachen beruhte, über die bereits in anderem Zusammenhange ausführlich berichtet worden ist. In der Zeit von 1931/39 haben sich die jederzeit fälligen und die befristeten Gelder etwa die Waage gehalten; ohne die geldabschöpfende Wirkung der vom Jahre 1935 ab begebenen langfristigen Reichsemissionen, auf die an späterer Stelle noch näher einzugehen sein wird, würde sich die Waagschale zumindest vom Jahre 1935 an zu Gunsten der Fest- und Kündigungsgelder gesenkt haben.

Die starke Aufwärtsbewegung der Akzeptverpflichtungen im Jahre 1931 ist nur zu einem geringen Teil auf die Gewährung echter Akzeptkredite an die Wirtschaft zurückzuführen; in erster Linie hängt sie mit den zur Krisenbekämpfung ergriffenen Maßnahmen zusammen. Akzeptverpflichtungen, die in den Sommermonaten des Jahres 1931 eingegangen waren, befanden sich auch in den darauffolgenden Jahren noch in den Bilanzen einer größeren Zahl von

[23]) Erläuterungen zu den auf Seite 36/37 verzeichneten Zahlenübersichten.

Kreditinstituten; die letzten Rückzahlungen auf die aus der Krisenzeit stammenden Verbindlichkeiten sind erst im Jahre 1936 vorgenommen worden. Der hohe Stand der Akzeptverpflichtungen Ende 1934 ist nicht zuletzt durch das Arbeitsbeschaffungsprogramm der Reichsregierung bedingt, dessen Durchführung bzw. Finanzierung bekanntlich unter Einschaltung der „Öffa"[24]) erfolgte; andererseits beruht auch der große Rückgang der Akzeptverpflichtungen in den Jahren 1935/37 hauptsächlich auf der Einlösung der Öffa-Wechsel. Mit Ausnahme der Jahre 1933/37[25]) entfiel der weitaus größte Teil der Akzeptverpflichtungen auf die Großbanken.

Um ihrer Kundschaft Zinsen zahlen zu können, müssen die Banken die ihnen anvertrauten Gelder ebenfalls zinsbringend anlegen. In normalen Zeiten erfolgte diese Anlage — neben der Anlage in Wechseln und anderen kurzfristigen Werten — hauptsächlich in Krediten an die Wirtschaft, in Hypotheken und in Wertpapieren. Von den letztgenannten drei Anlagearten standen die unter der Position „Sonstige Schuldner" ausgewiesenen Kredite bei weitem im Vordergrund. Im Kriege war jedoch — infolge der allgemeinen Geldflüssigkeit — ein nennenswerter Bedarf an Krediten nur bei einigen Bankengruppen zu verzeichnen; dagegen waren Hypothekendarlehen kaum begehrt[26]), weil der Wohnungsbau völlig ruhte. Die meisten deutschen Kreditinstitute waren somit mangels anderer kurz- und langfristiger Anlagewerte praktisch gezwungen, die ihnen in großem Umfange zuströmenden Mittel in Reichswerten[27]) anzulegen. Was für die Anlage der Gelder durch die Kreditinstitute gilt, gilt in gleicher Weise bezüglich der Anlage der von den Versicherungsunternehmungen verwalteten Kapitalfonds, insbesondere also für die bei den Lebensversicherungsgesellschaften und den Trägern der Sozialversicherung[28]) angesammelten Gelder. Auch diese Mittel haben während des Krieges fast ausschließlich in Reichsschuldtiteln, und zwar überwiegend in langfristigen Emissionswerten, Anlage gefunden.

Es zeigt sich somit in dieser Hinsicht in Deutschland das gleiche Bild wie in den anderen am Kriege beteiligten Ländern, in denen ebenfalls die Staatswerte eine beherrschende Stellung unter den Geld- und Kapitalanlagen der Kreditinstitute eingenommen haben und auch heute noch einnehmen.

---

24) Gesellschaft für öffentliche Arbeiten.

25) Durchführung des Arbeitsbeschaffungsprogramms bzw. Abwicklung der hieraus resultierenden finanziellen Verpflichtungen.

26) wenn man von dem durch die Hauszinssteuer-Ablösungsaktion an der Jahreswende 1942/43 verursachten Bedarf an langfristigen Darlehen absieht.

27) Schatzwechsel, U-Schätze und verzinsliche Schatzanweisungen.

28) Reichsversicherungsanstalt für Angestellte und Invalidenversicherung.

8. Die Wirtschaftskredite der Banken

Die Wirtschaftskredite[29]) der deutschen Banken, die den weitaus größten Teil der Bilanzposition „Schuldner" ausmachten, waren hinsichtlich ihres Umfanges sehr starken Schwankungen unterworfen. Sie betrugen

Ende 1929	9 973 Mill. RM	= 33,3 %	der Bilanzsumme
Ende 1932	8 071 Mill. RM	= 33,6 %	der Bilanzsumme
Ende 1937	5 112 Mill. RM	= 18,1 %	der Bilanzsumme
Ende 1942	9 727 Mill. RM	= 11,0 %	der Bilanzsumme
30. 9. 1944	12 376 Mill. RM	= 9,3 %	der Bilanzsumme

Die Kreditgewährung an wirtschaftliche Unternehmungen oblag in erster Linie den Großbanken, den Spezialbanken und den sonstigen Kreditbanken. Demgegenüber blieb die Betätigung der öffentlich-rechtlichen Banken auf diesem Gebiete sowohl an Bedeutung als auch an Umfang recht erheblich zurück. Bei den regionalen Girozentralen umfaßte im übrigen die Position „Sonstige Schuldner" neben dem Privatkreditgeschäft auch die Kredite an Gemeinden und Gemeindeverbände sowie an sonstige öffentlich-rechtliche Körperschaften. Angesichts dieser Sachlage soll die Untersuchung auf die von den erstgenannten drei Institutsgruppen gewährten Wirtschaftskredite beschränkt werden.

a) Die Entwicklung in der Zeit vor dem Kriege

Ueber den Umfang der in den Jahren 1929/38 zur Verfügung gestellten Kredite unterrichtet im einzelnen die folgende Aufstellung.

Angaben in Mill. RM

Bilanzposition Sonstige Schuldner	Großbanken	Spezial-, Haus- und Branchebanken	Sonstige Kreditbanken
Ende 1929	5 298	907	1 284
„ 1930	5 385	.	.
„ 1931	4 524	.	.
„ 1932	4 042	804	1 001
„ 1933	3 773	1 436	942
„ 1934	3 523	1 907	961
„ 1935	3 256	1 381	864
„ 1936	2 984	1 185	902
„ 1937	2 850	660	937
„ 1938	3 058	823	1 014

29) sonstige Buchkredite an Nichtbanken, also ohne Rembourskredite und Warenvorschüsse.

Sowohl bei den Großbanken als auch bei den sonstigen Kreditbanken verzeichnen die Wirtschaftsdebitoren ihren höchsten Stand in den Jahren 1929/30. Während die wirtschaftlichen Ausleihungen der Großbanken in den Jahren 1931/37 ständig im Rückgang begriffen sind, weist das Engagement der sonstigen Kreditbanken von Ende 1932 bis zum gleichen Zeitpunkt des Jahres 1937 nur verhältnismäßig geringfügige Schwankungen auf; dagegen verläuft die Entwicklung bei den Spezialbanken innerhalb dieses Zeitraumes in auf- und absteigender Linie. Vom Jahre 1938 ab ist sodann bei allen drei Gruppen eine Aufwärtsbewegung zu beobachten.

Angaben in Mill. RM

Zu- bzw. Abgänge	Großbanken	Spezial-, Haus- und Branchebanken	Sonstige Kreditbanken
1930	+ 87		
1931	— 861	— 103 (1930–1932)	— 283 (1930–1932)
1932	— 482		
1933	— 269	+ 632	— 59
1934	— 250	+ 471	+ 19
1935	— 267	— 526	— 97
1936	— 272	— 196	+ 38
1937	— 134	— 525	+ 35
1938	+ 208	+ 163	+ 77
1. Halbjahr 1939 [1])	+ 275		

1) infolge Eingliederung der österreichischen Kreditinstitute in die deutsche Bankenstatistik sind für die Spezialbanken und sonstigen Kreditbanken genaue Zuwachsziffern nur schwer feststellbar.

Die außerordentlich starke Schrumpfung bei den Großbanken in einer Höhe von mehr als 1,3 Mrd. RM in den Krisenjahren 1931/32 beruht in erster Linie auf Kreditrückziehungen, die teilweise auch durch die zu jener Zeit recht umfangreichen, in anderem Zusammenhange bereits erwähnten Kreditkündigungen seitens der ausländischen Geldgeber bedingt waren. Bedauerlicherweise ist hierbei vielfach recht unsachgemäß verfahren worden.

In den Jahren 1933/36 verzeichnen die Großbanken mit je 250 bis 270 Mill. RM nahezu gleichmäßige Rückgänge. Während es sich in den Jahren 1933/34 zu einem sehr großen Teil um die Rückzahlung ehemals eingefrorener Kredite handelte, stellen die Rückflüsse in der darauffolgenden Zeit überwiegend reguläre Kreditabdeckungen dar, die von den an den Rüstungsaufträgen gut verdienenden Unternehmungen der gewerblichen Wirtschaft vorgenommen worden sind. Letzteres gilt auch für die Debitorenentwicklung bei der Gruppe der Spezialbanken. In den Jahren 1933/34 hatten diese Institute den ihnen nahestehenden, vielfach sehr wenig liquiden Unternehmungen umfangreiche Kredite gewährt, die den verschiedensten Zwecken dienten[30]) und in den nächstfolgenden Jahren im wesentlichen aus Betriebsüberschüssen wieder getilgt worden sind. Die Aufwärtsbewegung der wirtschaftlichen Ausleihungen der Banken im Jahre 1938 und in der ersten Hälfte des Jahres 1939 ist hauptsächlich darauf zurückzuführen, daß den Unternehmungen der Privatwirtschaft während dieses Zeitraumes — infolge Vordringlichkeit der Unterbringung der vom Reich aufgelegten langfristigen Emissionen — der Zugang zum Anleihemarkt verschlossen gewesen ist.

b) Die Entwicklung während des Krieges

Die Umstellung der deutschen Wirtschaft auf die Erfordernisse des Krieges löste naturgemäß einen steigenden Kreditbedarf aus, der in besonders starkem Maße bei den Spezialbanken in Erscheinung trat; zu dieser Gruppe gehörten bekanntlich auch die Deutsche Industriebank und die Bank der Deutschen Luftfahrt mit ihren Sonderkreditaktionen im Rahmen der Rüstungsfinanzierung. Die vorübergehende Schrumpfung der Bilanzposition „Sonstige Schuldner" bei den Großbanken und den sonstigen Kreditbanken hängt mit den namentlich im Jahre 1940 vielfach beobachteten Kreditrückzahlungen zusammen, die hauptsächlich mit Hilfe der durch den allgemeinen Lagerabbau freigesetzten Gelder erfolgten.

Angaben in Mill. RM

Bilanzposition Sonstige Schuldner	Großbanken [1])	Spezial-, Haus- und Branchebanken	Sonstige Kreditbanken
Mitte 1939	3 545	722	1 664
Ende 1939	3 457	1 419	1 640
„ 1940	2 807	1 723	1 445
„ 1941	3 311	2 256	1 624
„ 1942	4 143	2 613	1 971
„ 1943	5 281	3 813	2 207
30. 9. 1944	4 957	4 116	1 951

1) einschl. Bank der Deutschen Arbeit.

Die Veränderungen, die sich in der Zeit von Mitte 1939 bis zum Herbst des Jahres 1944 bei den drei Bankengruppen ergeben haben, sind im einzelnen aus der nachstehenden Aufstellung zu ersehen.

30) Kredite zur Konsolidierung der finanziellen Verhältnisse, Investitions- und Betriebsmittelkredite.

Angaben in Mill. RM

Zu- bzw. Abgänge	Großbanken	Spezial-, Haus- und Branchebanken	Sonstige Kreditbanken
2. Halbjahr 1939	— 88	+ 697	— 24
1940	— 650	+ 304	— 195
1941	+ 504	+ 533	+ 179
1942	+ 832	+ 357	+ 347
1943	+ 1 138	+ 1 200	+ 236
1. 1. — 30.9. 1944	— 324	+ 303	— 256

Als man im Jahre 1941 sah, daß der Krieg voraussichtlich noch längere Zeit dauern würde, stieg auch der Bedarf an Wirtschaftskrediten wieder; denn es galt, die z. T. bereits gedrosselte Rüstungsproduktion auf allen Gebieten zu heben und zu diesem Zwecke, vorhandene Anlagen nicht nur weiter auszubauen, sondern auch durch Schaffung neuer Produktionsstätten zu ergänzen. Einen weiteren Auftrieb erhielt die Nachfrage nach Kredit sodann durch den am 1. Oktober 1942 angeordneten Anzahlungsstop bei der Vergebung öffentlicher Aufträge. Die von dieser Maßnahme erhoffte starke Belebung des Wirtschaftskreditgeschäftes ist jedoch bei vielen Instituten erheblich hinter den gehegten Erwartungen zurückgeblieben. Während die wirtschaftlichen Ausleihungen der Banken im Jahre 1943, namentlich in der zweiten Jahreshälfte eine nicht unwesentliche Steigerung erfahren haben[31]), war im zweiten Vierteljahr 1944 — insbesondere im Tätigkeitsbereich der Großbanken und der sonstigen Kreditbanken — bereits eine starke Rückläufigkeit im Bedarf an Wirtschaftskrediten festzustellen, die sich im dritten Quartal weiter fortgesetzt hat. Verminderung der wirtschaftlichen Ausleihungen sowie sprunghafte Erhöhung der Einlagen sonstiger Gläubiger waren die Charakteristika für die Bankenentwicklung im Jahre 1944[32]). Die konträre Entwicklung dieser beiden Bilanzpositionen war ein untrügliches Symptom dafür, daß der Höhepunkt des Geldbedarfs sowohl bei den großen als auch bei den mittleren Unternehmungen im Sommer 1944 bereits überschritten war. Die Wirtschaft trat kurz auf der ganzen Linie und übte namentlich in bezug auf Neuinvestierungen größte Zurückhaltung. Was zu jener Zeit noch an Investitionen vorgenommen worden ist, dürfte zum weitaus größten Teil mit Hilfe von Reichsmitteln[33]) erfolgt sein.

[31]) die Zunahme im Jahre 1943 stellte sich bei den drei Institutsgruppen auf insgesamt rd. 2,6 Mrd. RM; hiervon entfallen auf die zweite Jahreshälfte allein nahezu 2,4 Mrd. RM.

[32]) in der Zeit vom 1. 1. bis 30. 9. 1944 verzeichneten die Einlagen der sonstigen Gläubiger bei den genannten drei Bankengruppen eine Zunahme in Höhe von insgesamt rd. 7,3 Mrd. RM, während die wirtschaftlichen Ausleihungen der Großbanken und der sonstigen Kreditbanken sich um 580 Mill. RM vermindert haben.

[33]) Ersatzleistungen seitens des Reiches auf Grund von Kriegssachschädenforderungen.

c) Die Rembourskredite

Als eine Sonderart des Wirtschaftskredits stellt sich der Rembourskredit dar. Während sich die von den Banken gewährten Rembourskredite in den Jahren 1929/30 zwischen 2,1 Mrd. und 2,4 Mrd. RM bewegten, betrugen sie am Schluß des Jahres 1939 nur noch 120 Mill. RM[34]). Im Durchschnitt der Jahre 1929/32 beliefen sich die Rembourskredite auf 27,1 % des deutschen Ueberseehandels[35]); in den darauffolgenden Jahren ging jedoch die Bedeutung des Rembourskredits als Finanzierungsinstrument des deutschen Außenhandels immer mehr zurück. Obwohl der deutsche Ueberseehandel in den Jahren 1937/38 die Umsätze der Jahre 1931/32 nicht nur erreicht, sondern sogar um nahezu 300 Mill. RM überschritten hatte, beliefen sich die Rembourskredite nur noch auf 18 % der in den Jahren 1931/32 gewährten Kredite. Die Ursachen für diese Entwicklung bildeten die vielfachen Beschränkungen im internationalen Zahlungsverkehr, insbesondere die von sehr vielen Ländern eingeführte Devisenzwangswirtschaft, vor allem jedoch die Clearingabkommen, durch die die ehemals so einheitliche Weltwirtschaft in eine Summe bilateraler Beziehungen aufgelöst worden ist.

9. Die dreigliedrigen Organisationen der Sparkassen und Genossenschaften

Im Aufbau der Organisationen der Sparkassen und Genossenschaften gibt es viele Parallelen. Gemeinsam ist beiden Organisationen vor allem, daß die örtlichen Institute, die Sparkassen und Kreditgenossenschaften, bezirksweise — jeweils für das Gebiet einer Provinz oder eines Landes — unter je einer Regionalbank (Girozentrale bzw. genossenschaftlichen Zentralkasse) zusammengeschlossen sind, die für die ihr angeschlossenen örtlichen Kassen gleichzeitig die Funktion eines Liquiditäts- und regionalen Geldausgleichsinstituts besitzt, während diese regionalen Institute (bis zum Ende des Krieges) wiederum unter je einer zentralen Bankanstalt, der Deutschen Girozentrale und der Deutschen Zentralgenossenschaftskasse, zusammengeschlossen waren. Diese beiden Institute, die ihren Sitz in Berlin hatten und denen der Spitzenausgleich im Verkehr der Sparkassen und Genossenschaften oblag, waren auch gleichzeitig die obersten Liquiditätsstellen für die im Deutschen Sparkassen- und Giroverband vereinigten Geldanstalten (Sparkassen

[34]) vgl. Tabelle auf Seite 37.

[35]) da die von den Banken als Rembourskredit bereitgestellten Beträge innerhalb eines Jahres mehrmals umgeschlagen wurden, war der tatsächliche Anteil dieser Kredite an der Finanzierung des Außenhandels sogar noch wesentlich höher.

und Girozentralen) bzw. für die im Reichsverband der deutschen landwirtschaftlichen Genossenschaften — Raiffeisen — und im Deutschen Genossenschaftsverband organisatorisch zusammengefaßten ländlichen Spar- und Darlehnskassen, Volksbanken und genossenschaftlichen Zentralkassen.

a) Die Entwicklung im Sparkassensektor.

Die nachfolgenden Aufstellungen enthalten die wichtigsten Positionen aus der Gesamtbilanz der deutschen Sparkassen.

I. Die Einlagenbewegung

Angaben in Mill. RM

Ende	Einlagenbestand			Veränderungen		
	Spareinlagen	Giroeinlagen	Einlagen insgesamt	Spareinlagen	Giroeinlagen	Einlagen insgesamt
1925	1 693	811	2 504	.	.	.
1926	3 182	1 094	4 276	+ 1 489	+ 283	+ 1 772
1927	4 839	1 235	6 074	+ 1 657	+ 141	+ 1 798
1928	7 205	1 423	8 628	+ 2 366	+ 188	+ 2 554
1929	9 224	1 401	10 625	+ 2 019	— 22	+ 1 997
1930	10 670	1 497	12 167	+ 1 446	+ 96	+ 1 542
1931	10 064	1 292	11 356	— 606	— 205	— 811
1932	11 447[1])	1 509	12 956	+ 1 383[1])	+ 217	+ 1 600[1])
1933	12 095	1 600	13 695	+ 648	+ 91	+ 739
1934	12 799	1 775	14 574	+ 704	+ 175	+ 879
1935	13 803	2 024	15 827	+ 1 004	+ 249	+ 1 253
1936	14 615	2 243	16 858	+ 812	+ 219	+ 1 031
1937	16 062	2 529	18 591	+ 1 447	+ 286	+ 1 733
1938	18 009	2 865	20 874	+ 1 947	+ 336	+ 2 283
1938[2])	19 866	3 111	22 977	.	.	.
1939	21 532	4 167	25 699	+ 1 666	+ 1 0. 6	+ 2 722
1940	27 838	5 790	33 628	+ 6 306	+ 1 623	+ 7 929
1941	37 750	7 658	45 408	+ 9 912	+ 1 868	+ 11 780
1942	51 232	9 023	60 255	+ 13 482	+ 1 365	+ 14 847
1943	66 941	11 798	78 739	+ 15 709	+ 2 775	+ 18 484
30. 9. 1944[3])	80 411	14 197	94 608	+ 13 470	+ 2 399	+ 15 869
Ende 1944[4])	85 000	14 800	99 800	+ 4 589	+ 603	+ 5 192
		Zuwachs in 1944[4])		+ 18 059	+ 3 002	+ 21 061

[1]) außerordentlicher Zuwachs durch Uebernahme der Aufwertungsrechnung (rd. 1190 Mill. RM) und der Sparkassen des Saarlandes (rd. 136 Mill. RM) in die Einlagenstatistik.

[2]) erweitertes Reichsgebiet.

[3]) letzte statistische Erhebung vor dem Zusammenbruch.

[4]) Ziffern geschätzt.

II. Die Anlage der Gelder

Angaben in Mill. RM

Ende	Wechsel und Schecks	Wert-papiere	Bank-guthaben	kurzfristige Kredite	Hypothekar-Kredite
1925	229	83	518	1 492	372
1926	164	601	775	2 004	995
1927	193	903	758	2 555	2 021
1928	255	1 186	1 271	3 105	3 044
1929	236	1 513	1 162	3 772	4 058
1930	217	1 874	1 391	3 949	4 852
1931	108	1 958	856	3 829	5 248
1932	112	2 131	1 143	4 102	6 436
1933	126	2 269	1 695	3 971	6 401
1934	139	2 965	2 018	3 594	6 553
1935	144	3 955	2 168	3 478	6 676
1936	194	4 647	2 468	3 244	6 882
1937	223	5 563	3 101	3 106	7 218
1938	179	7 248	3 487	2 998	7 605

Angaben in Mill. RM

Ende	Wechsel und Schecks	U-Schätze	Wert-papiere	Bank-guthaben	kurz-fristige Kredite	Hypothekar-Kredite
1938 [1])	188	64	7 757	3 888	3 407	8 457
1939	145	125	9 291	5 147	3 318	8 529
1940	117	459	14 196	8 547	2 931	8 409
1941	105	977	20 349	14 480	2 593	8 200
1942	162	1 557	29 060	20 155	2 390	8 935
1943	170	2 237	39 922	28 305	2 089	8 177
30. 9. 1944 [2])	189	3 055	49 775	35 427	1 941	7 478

1) erweitertes Reichsgebiet.
2) letzte statistische Erhebung vor dem Zusammenbruch.

Was in den bisherigen Ausführungen über die Einlagenbewegung, insbesondere über die außerordentlichen starken Zugänge in den Kriegsjahren (namentlich bei den befristeten Einlagen), was ferner über die Entwicklung der gewährten kurz- und langfristigen Darlehen sowie über die Verlagerung des Schwerpunktes der Geldanlagen zu den Wertpapieren gesagt worden ist, hat auch für die Sparkassen

III. Die Aufgliederung der Kredite

Angaben in Mill. RM

Ende	kurzfristige Kredite wurden gegeben an		die Hypothekarkredite verteilen sich auf	
	kommunale Körperschaften	sonstige Schuldner	landwirtschaftl. Grundstücke	städtische Grundstücke
1925	178	1 314	74	298
1926	367	1 637	242	753
1927	604	1 951	443	1 578
1928	956	2 149	655	2 389
1929	1 513	2 259	853	3 205
1930	1 752	2 197	1 079	3 773
1931	1 840	1 980	1 088	4 160
1932	2 017	2 085	1 269	5 167
1933	1 992	1 979	1 151	5 250
1934	1 702	1 892	1 138	5 415
1935	1 638	1 840	1 159	5 517
1936	1 496	1 748	1 169	5 713
1937	1 381	1 725	1 163	6 055
1938	1 281	1 717	1 151	6 454
1938[1])	1 545	1 862	1 320	7 137
1939	1 498	1 820	1 276	7 253
1940	1 382	1 549	1 231	7 178
1941	1 273	1 320	1 181	7 019
1942	1 164	1 226	1 104	7 831[2])
1943	1 083	1 006	.	.
30. 9. 1944[3])	1 039	902	.	.

1) erweitertes Reichsgebiet.
2) Steigerung auf Grund der im Zusammenhang mit der Hauszinssteuer-Ablösungsaktion gewährten langfristigen Abgeltungsdarlehen.
3) letzte statistische Erhebung vor dem Zusammenbruch.

und für die Genossenschaften volle Gültigkeit. Gewisse Abweichungen bestehen allerdings in der Technik des Anlagegeschäftes, das sich — entsprechend der Eigenart dieser beiden Institutsgruppen — nach etwas anderen Grundsätzen vollzieht als bei den Kreditbanken. Während die Banken die ihnen anvertrauten Gelder im allgemeinen direkt anlegen, pflegten die Sparkassen einen erheblichen Teil ihres Einlagenbestandes an die ihnen übergeordneten Bankanstalten, die regionalen Girozentralen, weiterzuleiten, die ihrerseits sodann einen Teil dieser Gelder an die Deutsche Girozentrale weitergaben. Im Genossenschaftssektor hingegen erfolgte die Anlage der Gelder, soweit diese nicht für die Befriedigung des örtlichen Kreditbedarfs benötigt wurden, fast ausschließlich durch die genossenschaftlichen Zentralkassen bzw. die Deutschlandkasse; eine gewisse Sonderstellung nahmen lediglich die größeren Kreditgenossenschaften ein, die einen Teil der von ihnen verwalteten Mittel selbst angelegt haben.

Die Genossenschaften sind an sich in ihren Entschließungen über die Art und Weise, wie sie ihre Gelder anlegten, frei gewesen, obwohl sich auch bei diesen Instituten hierfür im Laufe der Jahre — aus der praktischen Arbeit heraus — ganz bestimmte Grundsätze herausgebildet haben. Für die Sparkassen hingegen bestanden bestimmte Anlagevorschriften. Diesen Bestimmungen zufolge, die im fünften Teil der am 6. Oktober 1931 erlassenen „Dritten Verordnung des Reichspräsidenten zur Sicherung von Wirtschaft und Finanzen" enthalten sind, waren die Sparkassen verpflichtet, „mindestens 10 vom Hundert der Spareinlagen und 20 vom Hundert der sonstigen Einlagen als Liquiditätsreserve bei der zuständigen Girozentrale anzulegen", während die regionalen Girozentralen ihrerseits wieder verpflichtet waren, 50 % der von den Sparkassen ihres Geschäftsbezirkes unterhaltenen gesetzlichen Liquiditätsreserven bei der Deutschen Girozentrale anzulegen. Für die Anlage dieser an die Deutsche Girozentrale weitergeleiteten Pflichtreserven bestanden ebenfalls bestimmte Vorschriften, denen zufolge die Hälfte dieser Mittel bei der Reichsbank bzw. durch die Reichsbank anzulegen war, davon ein Drittel zinslos[36]), während die andere Hälfte seitens der Deutschen Girozentrale nur in erstklassigen Geldmarktwerten angelegt werden durfte. Diese gesetzlichen Liquiditätsreserven, auf die nur im äußersten Notfall zurückgegriffen werden sollte, wurden jedoch in ihrem Umfange weit übertroffen durch diejenigen Gelder, die darüber hinaus von den Sparkassen bei den regionalen Girozentralen belegt worden sind und von denen ebenfalls ein recht beträchtlicher Teil von den Regionalinstituten an die Deutsche Girozentrale weitergeleitet wurde.

Die finanziellen Verflechtungen, die zwischen den drei Stufen der deutschen Sparkassen- und Giroorganisation auf Grund der vorstehend geschilderten Liquiditätsvorschriften entstanden sind, ergeben sich im einzelnen aus den nachstehenden Zahlenübersichten.

---

36) die übrigen zwei Drittel in Wechseln oder U-Schätzen, die bei der Reichsbank gekauft oder an die Reichsbank geliefert wurden und die dieses Institut alsdann für die Deutsche Girozentrale in Verwahrung nahm.

Angaben in Mill. RM

Ende	Gesamteinlagenbestand (Spar- und Giroeinlagen) der deutschen Sparkassen	Gesetzliche Liquiditätsreserven und freiwillige Liquiditätsguthaben der Sparkassen bei den regionalen Girozentralen
1933	13 695	1 420
1934	14 574	1 671
1935	15 827	1 879
1936	16 858	1 982
1937	18 591	2 579
1938	20 874	2 940
1939	25 699	4 326
1940	33 628	7 490
1941	45 408	13 179
1942	60 255	18 681
1943	78 739	26 600 [1])
1944	99 800 [1])	33 500 [1])

Angaben in Mill. RM

Ende	Gesamtposition „Gläubiger" bei der Deutschen Girozentrale	davon entfallen auf Pflichtreserven der regionalen Girozentralen
1933	679	133
1934	1 019	403
1935	1 090	421
1936	922	473
1937	1 154	543
1938	1 356	623
1939	2 113	727
1940	3 000	1 019
1941	4 476	1 359
1942	8 635	1 801
1943	9 619	2 333
1944	14 160	3 011

1) Ziffern geschätzt.

Ueber Umfang und Entwicklung der wichtigsten Anlageposten bei den

regionalen Girozentralen

unterrichten die folgenden Ziffern.

Angaben in Mill. RM

Ende	Geldmarkt-titel	Wertpapiere	Bankguthaben	Sonstige Ausleihungen
1932	130	213	315	1 079
1933	207	324	697	1 000
1935	384	847[1])	1 189	306[1])
1936	783	813	1 010	300
1937	1 110	843	1 315	232
1938	1 453	1 010	1 329	299
1939	2 445	1 021	2 271	386
1940	4 076	1 945	3 181	433
1941	7 677	3 114	4 898	401
1942	10 803	4 034	7 291	401
1943	15 357	5 194	9 468	474
30. 9. 1944[2])	19 445	5 372	12 511	608

1) Zunahme bzw. Rückgang durch die kommunale Umschuldungsaktion.
2) letzte statistische Erhebung vor dem Zusammenbruch.

Die von den Sparkassen bei den Girozentralen unterhaltenen Guthaben, die seit dem Jahre 1940 in der Gesamtbilanz der deutschen Sparkassen den zweitgrößten Anlageposten bilden, sind von den Regionalinstituten nach dem Grundsatz einer möglichst liquiden Belegung bewirtschaftet worden; demzufolge waren die in der vorstehenden Tabelle aufgeführten Bankguthaben der regionalen Girozentralen fast ausnahmslos bei der Deutschen Girozentrale belegt, in deren Bilanz sie unter der Position „Einlagen deutscher Kreditinstitute" ausgewiesen wurden. Diese Mittel, die nahezu den gesamten Einlagenbestand des Berliner Spitzeninstitutes umfaßten, waren Gegenstand des Geldgeschäftes der Deutschen Girozentrale. Die nachstehende Zahlenübersicht gibt nun im einzelnen darüber Auskunft, in welcher Form die von den regionalen Girozentralen an die

Deutsche Girozentrale

weitergeleiteten Kassen- und Dispositionsreserven der Sparkassen Anlage gefunden haben.

Die im Herbst des Jahres 1931 auf eine neue Grundlage gestellte Liquiditätshaltung im Sparkassensektor und die im Rahmen derselben sich vollziehende Tätigkeit der regionalen Girozentralen und der Deutschen Girozentrale haben inzwischen eine Reihe von Bewährungsproben erfolgreich bestanden, so z. B. im September 1938 (Sudetenkrise), im Sommer des darauffolgenden Jahres (Kriegsausbruch), ferner an der Jahreswende 1942/43 (Hauszinssteuerablösung) sowie im ersten Quartal des Jahres 1945 (letzte Kriegsmonate).

Angaben in Mill. RM

Ende	Barreserve, Wechsel, Schatzwechsel, und U-Schätze	Wertpapiere	Bank-guthaben	Sonstige Ausleihungen
1932	49	26	72	120
1933	391	23	139	37
1934	702	83	122	9
1935	849	121	34	41
1936	727	129	29	5
1937	902	188	41	1
1938	1 087	191	65	1
1939	1 848	192	57	11
1940	2 697	244	74	4
1941	4 065	369	75	3
1942	8 165	438	57	38
1943	9 093	485	58	78
1944	13 632	525	48	91

Bei allen diesen Gelegenheiten ist es den regionalen Girozentralen und insbesondere der Deutschen Girozentrale auf Grund ihrer großen Bestände an erstklassigen Geldmarktwerten ohne Schwierigkeit möglich gewesen, den hohen Anforderungen gerecht zu werden, die an sie in ihrer Eigenschaft als Liquiditätsinstitute der deutschen Sparkassen gestellt worden sind.

b) Die Entwicklung im Genossenschaftssektor

Ueber den Umfang der von den deutschen Kreditgenossenschaften in der Zeit von 1925/44 verwalteten Einlagenbestände unterrichtet im einzelnen die umseitige Zahlenübersicht.

Wie bereits an anderer Stelle erwähnt worden ist, erfolgt im Genossenschaftssektor die Anlage der Gelder, soweit diese nicht zur Gewährung von Krediten an die Kundschaft benötigt werden, zum weitaus größten Teil durch die genossenschaftlichen Zentralkassen, die — worauf ebenfalls schon hingewiesen wurde — gleichzeitig die Funktionen von Liquiditätsinstituten für die ihnen angeschlossenen Genossenschaften ausüben, bzw. durch die Deutschlandkasse, bei der wiederum die Zentralkassen bis Kriegsende recht ansehnliche Guthaben unterhalten haben.

Während die gewerblichen Kreditgenossenschaften die an sie herangetragenen Kreditwünsche im allgemeinen ohne nennenswerte Inanspruchnahme anderer Stellen befriedigen konnten, war dies den ländlichen Spar- und Darlehnskassen nicht immer möglich. Um ihre Aufgabe als Kreditinstitut dennoch erfüllen zu können, waren die

Angaben in Mill. RM

Ende	Ländliche Spar- und Darlehnskassen			Gewerbliche Kreditgenossenschaften (Volksbanken)			Genossenschaftliche Einlagen insgesamt
	Spareinlagen	Depositen und Girogelder	zusammen	Spareinlagen	Depositen und Girogelder	zusammen	
1925	228	180	408	269	230	499	907
1926	451	230	681	472	293	765	1 446
1927	748	264	1 012	655	323	978	1 990
1928	1 093	302	1 395	963	356	1 319	2 714
1929	1 462	350	1 812	1 149	362	1 511	3 323
1930	1 573	334	1 907	1 238	360	1 598	3 505
1931	1 599	279	1 878	1 017	292	1 309	3 187
1932	1 477	292	1 769	950	254	1 204	2 973
1933	1 470	222	1 692	979	273	1 252	2 944
1934	1 624	243	1 867	1 044	293	1 337	3 204
1935	1 803	314	2 117	1 077	376	1 453	3 570
1936	1 964	375	2 339	697	760	1 457	3 796
1937	2 193	422	2 615	740	865	1 605	4 220
1938	2 524	499	3 023	854	1 028	1 882	4 905
1939[2])	3 462	717	4 179	1 524	1 460	2 984	7 163
1940	4 391	1 037	5 428	2 009	1 923	3 932	9 360
1941	5 894	1 443	7 337	2 813	2 600[1])	5 413	12 750
1942	8 154	1 988	10 142	3 725	3 600[1])	7 325	17 467
1943	10 723	2 824	13 547	5 500[1])	4 500[1])	10 000	23 547
1944	14 000[1])	4 000[1])	18 000	8 000[1])	6 500[1])	14 500	32 500

1) Ziffern geschätzt. — 2) ab 1939 erweitertes Reichsgebiet.

Spar- und Darlehnskassen daher — und zwar gilt dies hauptsächlich für die Zeit von 1924/34 — vielfach genötigt, sich die erforderlichen Mittel von dritter Seite zu beschaffen, was in der Regel durch Kreditaufnahme bei den für sie zuständigen Zentralkassen geschah, die ihrerseits ebenfalls häufig gezwungen waren (besonders in den ersten Jahren nach 1924) die Kredithilfe des genossenschaftlichen Spitzeninstitutes, der Preußenkasse, in Anspruch zu nehmen. Erst im Jahre 1935 hatte der Einlagenbestand bei den ländlichen Spar- und Darlehnskassen wieder eine solche Höhe erlangt, daß er — zusammen mit den Eigenmitteln dieser Institute — für die Deckung des Kreditbedarfs ihrer Mitglieder ausreichte. Ueber diese Zeit der wirtschaftlichen Abhängigkeit der ländlichen Spar- und Darlehnskassen von ihren Zentralkassen, d. h. über das Verhältnis des Umfanges der von den örtlichen Kassen bei den Zentralkassen unterhaltenen Guthaben einerseits zum Umfang der Verpflichtungen der ländlichen Kreditgenossenschaften gegenüber den Zentralkassen andererseits, unterrichtet im einzelnen die nachstehende Zahlenübersicht.

Die finanziellen Verflechtungen zwischen Spar- und Darlehnskassen und Zentralkassen

Angaben in Mill. RM

Ende	Guthaben bei den Zentralkassen	Schulden bei den Zentralkassen	Saldo
1925	43	386	— 343
1926	68	387	— 319
1927	73	362	— 289
1928	128	400	— 272
1929	184	400	— 216
1930	159	393	— 234
1931	110	428	— 318
1932	103	419	— 316
1933	136	426	— 290
1934	207	248	— 41
1935	327	232	+ 95

Aehnlich wie das Verhältnis der ländlichen Kreditgenossenschaften zu den ländlichen Zentralkassen war in dem Jahrzehnt 1925/35 auch das Verhältnis zwischen den letztgenannten Instituten und der Preußischen bzw. Deutschen Zentralgenossenschaftskasse.

Bilanzposten der Preußen- bzw. Deutschlandkasse

Angaben in Mill. RM

Ende	Kredite von Banken und öffentlichen Kassen[1])	Einlagen deutscher Kreditinstitute und sonstiger Gläubiger	Engagement bei den ländlichen Zentralkassen
1925	775	123	820[2])
1926	611	125	650[2])
1927	796	63	841
1928	484	181	675
1929	495	119	549
1930	387	153	533
1931	544	62	559
1932	410	78	514
1933	368	121	404
1934	203	187	242
1935	79	202	155
1936	64	202	128

1) einschl. Rediskontkredite.
2) Ziffern geschätzt.

Wie diese Aufstellung zeigt, hat das genossenschaftliche Spitzeninstitut seine finanzielle Unabhängigkeit seitens nichtgenossenschaftlicher Banken ebenfalls erst in den Jahren 1935/36 zurückgewonnen, d. h. also etwa zur gleichen Zeit, in der auch die ländlichen Kreditgenossenschaften — als Ganzes betrachtet — ihre wirtschaftliche Selbständigkeit wiedererlangt haben. Die Faktoren, die hierbei entscheidend mitgewirkt haben, sind neben der Verstärkung des genossenschaftlichen Einlagenbestandes insbesondere das genossenschaftliche Rationalisierungwerk, die sogenannte „Reichsgenossenschaftshilfe", und die Zweite Verordnung des Reichspräsidenten zur beschleunigten Durchführung der landwirtschaftlichen Entschuldung im Osthilfegebiet vom 21. Oktober 1932, auch kurz „Zweite Entschuldungsverordnung" genannt. Angesichts der großen Bedeutung dieser Maßnahmen für die Festigung des ländlichen Genossenschaftswesens sei nachstehend noch etwas auf den Inhalt derselben eingegangen.

Nachdem der Zusammenschluß der beiden großen genossenschaftlichen Spitzenverbände, des Reichsverbands der deutschen landwirtschaftlichen Genossenschaften und des Generalverbandes der deutschen Raiffeisen-Genossenschaften, im Frühjahr 1930 zum genossenschaftlichen „Einheitsverband", dem Reichsverband der deutschen landwirtschaftlichen Genossenschaften — Raiffeisen — e. V., Berlin, erfolgt war, konnte man nunmehr auch zur Vereinheitlichung des genossenschaftlichen Mittel- und Unterbaues schreiten. Im Verlaufe dieser Aktion, für deren Durchführung von nichtgenossenschaftlicher Seite ein Betrag von insgesamt rd. 100 Mill. RM zur Verfügung gestellt worden ist, wurde eine große Anzahl genossenschaftlicher Revisionsverbände, deren Arbeitsgebiete sich überschnitten, zu Einheitsorganisationen zusammengeschlossen; die zu diesen Verbänden gehörenden genossenschaftlichen Zentralkassen und Warenzentralen wurden ebenfalls zusammengelegt; daneben erfolgten viele hundert Fusionen und Liquidationen von Einzelgenossenschaften im gesamten Reichsgebiet.

Während das Ziel der Reichsgenossenschaftshilfe darin bestand, das ländliche Genossenschaftswesen durch Beseitigung vieler vorhandener Mängel wieder auf eine gesunde und rentable Basis zu stellen, diente die Zweite Entschuldungsverordnung in erster Linie dazu, die Liquidität der Genossenschaften zu verbessern. Nach den Bestimmungen des ersten Teiles dieser Verordnung gingen kraft Gesetzes mit sofortiger Wirkung auf das Deutsche Reich über: sämtliche Geldforderungen, die im Zeitpunkt des Inkrafttretens der Verordnung den dem Reichsverband der deutschen landwirtschaftlichen Genossenschaften — Raiffeisen — unmittelbar oder mittelbar angeschlossenen Genossenschaften gegen den Inhaber eines im Osthilfegebiet gelegenen landwirtschaftlichen, forstwirtschaftlichen oder gärtnerischen Betriebes zustanden, sofern über den Betrieb das Entschuldungsverfahren vor dem Inkrafttreten dieser Verordnung eröffnet und weder der Entschuldungsantrag abgelehnt noch der Entschuldungsplan bestätigt oder genehmigt war. Ausgenommen von dem Uebergang waren die Forderungen aus der Gewährung von Ernteaufbau- und Erntefinanzierungskrediten sowie die Forderungen der Pommerschen Spiritus-Verwertungs-Genossenschaft eGmbH. in Stettin aus der Gewährung von Betriebsvorschüssen.

Die technische Abwicklung der vom Reich übernommenen Forderungen geschah in der Weise, daß das Reich den bisherigen Gläubigern 70 % des Forderungs-Nennwertes auf dem Wege über die Deutsche Zentralgenossenschaftskasse erstattete; einen Ausfall in Höhe von 30 % ihrer Forderungen mußten dagegen die Genossenschaften selbst tragen. Die den Genossenschaften auf Grund dieser Maßnahme vom Reich vergüteten Beträge beliefen sich auf rd. 150 Mill. RM. Bei vielen Genossenschaften, die im Hinblick auf ihre hohen eingefrorenen Forderungen zweifellos in Zahlungsschwierigkeiten geraten, wenn nicht gar zusammengebrochen wären, sind durch diese Aktion wieder normale liquide Verhältnisse geschaffen worden.

Die Ausleihungen der ländlichen Kreditgenossenschaften stellten sich in der Zeit von 1930/38 auf durchschnittlich 2,1 Mrd. RM, die der gewerblichen Kreditgenossenschaften im gleichen Zeitraum auf etwa 1,2 Mrd. RM pro Jahr. In den beiden ersten Kriegsjahren haben sich die genossenschaftlichen Ausleihungen zunächst vermehrt, sind dann jedoch infolge der allgemeinen großen Geldflüssigkeit ständig zurückgegangen.

Der weitaus größte Teil des diese Summen übersteigenden genossenschaftlichen Einlagenbestandes ist an die ländlichen und gewerblichen Zentralkassen weitergeleitet worden und hat entweder durch diese Institute Anlage gefunden oder aber ist — soweit er zur Verstärkung der bei der Deutschlandkasse unterhaltenen Liquiditätsguthaben verwandt wurde — durch das Berliner Spitzeninstitut angelegt worden. Einen Ueberblick über Umfang und Entwicklung der Geldanlagen bei den Regionalinstituten und bei der Deutschlandkasse seit dem Jahre 1935, d. h. seit der „Emanzipation" der ländlichen Spar- und Darlehnskassen, vermitteln die folgenden Ziffern.

Ländliche und gewerbliche Zentralkassen

Angaben in Mill. RM

Ende	Geldmarkt-titel	Wertpapiere	Bankguthaben	Sonstige Ausleihungen
1935	88[1])	137	478	269
1938	65[1])	385	546	419
1939[2])	59[1])	741	1 020	486
1940	440	1 177	1 620	476
1941	682	1 873	3 195	506
1942	1 558	2 917	4 896	527
1943	2 735	4 198	6 516	582
30. 9. 1944[3])	3 858	5 002	8 675	456

Deutsche Zentralgenossenschaftskasse

Angaben in Mill. RM

Ende	Barreserve, Wechsel, Schatzwechsel und U-Schätze	Wertpapiere	Bankguthaben	Sonstige Ausleihungen
1935	179	58	116	37
1938	319	109	102	36
1939	693	184	91	59
1940	1 098	236	104	174
1941	2 298	457	68	160
1942	3 529	663	103	284
1943	5 414	757	102	454
1944	8 181	1 017		

1) ohne Schatzwechsel und U-Schätze, die bis zum Jahre 1939 in der Position „Wertpapiere" enthalten sind.

2) ab 1939 erweitertes Reichsgebiet.

3) letzte statistische Erhebung vor dem Zusammenbruch.

Wie die vorstehenden Zahlenübersichten zeigen, ist die Gesamtentwicklung ungefähr in der gleichen Richtung verlaufen, wie bei den Bankanstalten der Sparkassen, den regionalen Girozentralen und der Deutschen Girozentrale. Die sich — ab 1939 — von Jahr zu Jahr stark vermehrenden Einlagen, unter denen die befristeten Gelder ganz besonders zugenommen haben, sind von den Zentralkassen etwa zu gleichen Teilen in Geld- und Kapitalmarktwerten und in Gestalt von Guthaben bei der Deutschlandkasse angelegt worden, die ihrerseits — als zentrales genossenschaftliches Liquiditätsinstitut — bei der Geldanlage den kurzfristigen Werten den Vorzug gegeben hat.

Durch die im Mai 1945 angeordnete Stillegung der Deutschen Girozentrale und der Deutschen Zentralgenossenschaftskasse sind den Sparkassen und Genossenschaften die geldwirtschaftlichen Spitzen genommen worden. Im Augenblick, wo es im Osten Deutschlands einen Geld- und Kapitalmarkt kaum gibt und wo auch in den westlichen Besatzungszonen diese Märkte vorerst noch von untergeordneter Bedeutung sind, macht sich das Fehlen der Spitzeninstitute noch nicht sonderlich bemerkbar. Sobald jedoch wieder funktionsfähige Märkte vorhanden sind, wird eine volkswirtschaftlich-nützliche Einschaltung der Vielzahl von Sparkassen und Genossenschaften in den allgemeinen Wirtschaftsprozeß nur möglich sein, wenn die bei diesen Instituten dezentral anfallenden Gelder, soweit letztere für den Geschäftsbetrieb der örtlichen Kassen nicht benötigt werden, bei den regionalen Instituten gesammelt und von diesen alsdann über eine zentrale Bankanstalt an die Stellen des volkswirtschaftlich-dringendsten Bedarfs geleitet werden können.

10. Die Vermögensanlagen der Lebens- und Sozialversicherung

Neben Banken, Sparkassen und Genossenschaften sind die wichtigsten Kapitalsammelstellen die Anstalten der Lebens- und Sozialversicherung. Die von den Instituten des deutschen Versicherungsgewerbes verwalteten Kapitalfonds beliefen sich am Schluß des Jahres 1944 auf schätzungsweise 32,4 Mrd. RM, d. h. sie waren beinahe ebenso hoch wie der gesamte genossenschaftliche Einlagenbestand, der am gleichen Zeitpunkt etwa 34 Mrd. RM betragen hat. Entsprechend ihrem langfristigen Charakter sind die Versicherungsgelder entweder in Werten des Kapitalmarktes angelegt oder sie sind zu langfristigen Ausleihungen, insbesondere zur Gewährung von Hypotheken und sonstigen langfristigen Darlehen, verwandt worden. Wie die nachstehenden Ziffern zeigen, haben die langfristigen Ausleihungen bis zum Jahre 1938 die erste Stelle unter den Kapitalanlagen des deutschen Versicherungsgewerbes eingenommen. In der zweiten Hälfte des Jahres 1939 hat sich sodann auch hier die Schwerpunktsverlagerung zu den Wertpapieren vollzogen. Obwohl das Hypothekarkreditgeschäft an der Jahreswende 1942/43 durch die Hauszinssteuer-Ablösungsaktion einen gewissen Auftrieb erfahren hat[37]) und auch das sonstige Kreditgeschäft insbesondere durch die Gewährung von Darlehen an wirtschaftliche, vor allem industrielle Unternehmungen einen Aufschwung verzeichnet, ist der Vorsprung

37) diese Belebung war jedoch nur sehr kurzfristig; die von den Instituten des deutschen Versicherungsgewerbes, insbesondere von den Trägern der Lebensversicherung, im Zusammenhange mit dieser Aktion gewährten Hypotheken und Abgeltungsdarlehen beliefen sich schätzungsweise auf 600 bis 700 Mill. RM.

Angaben in Mill. RM

Ende	Wertpapiere	Hypotheken	Darlehen [1])	insgesamt
1924	80	208	92	380
1925	120	409	140	669
1926	351	646	217	1 214
1927	604	1 673	422	2 699
1928	828	2 164	727	3 719
1929	1 016	2 624	1 031	4 671
1930	1 336	3 121	1 173	5 630
1931	1 412	3 427	1 220	6 059
1932	1 336	3 509	1 248	6 093
1933	1 539	3 592	1 264	6 395
1934	2 177	3 684	1 177	7 038
1935	2 717	3 818	1 299	7 834
1936	3 409	4 047	1 487	8 943
1937	4 028	4 273	1 950	10 251
1938	5 457	4 509	2 053	12 019
1939	7 035	4 600	2 026	13 661
1940	10 052	4 741	2 150	16 943
1941	.	4 758	.	.
1942	.	.	.	.
1943	.	.	.	.
1944 [2])	22 700	4 480	3 100	30 280

1) ohne Vorauszahlungen und Darlehen auf Policen.
2) Ziffern geschätzt (auf Grund zuverlässiger Unterlagen).

der Wertpapieranlage vor den übrigen Kapitalanlagen[38]) in den Jahren 1940/44 — aus den bereits mehrfach dargelegten Gründen — zusehends größer geworden. Der vorerwähnte Zugang bei den Hypotheken war jedoch durch die umfangreichen außerplanmäßigen Rückzahlungen, die infolge der großen Geldflüssigkeit häufig ein Mehrfaches der regulären Tilgungsquoten betrugen, bereits innerhalb kurzer Zeit wieder ausgeglichen. Ende 1944 weist der Hypothekenbestand des deutschen Versicherungsgewerbes ungefähr die gleiche Höhe auf wie am Schluß des Jahres 1938, während der Wertpapierbesitz, der sich in der Zeit von Ende 1939 bis zum gleichen Zeitpunkt des Jahres 1944 mehr als verdreifachte, bei Kriegsschluß über zwei Drittel der gesamten Kapitalanlagen betragen hat.

11. Das langfristige Geschäft der Boden- und Kommunalkreditinstitute

Die Merkmale, die in den bisherigen Ausführungen über die Entwicklung des Kreditgeschäfts schlechthin aufgezeigt worden sind,

38) hierzu gehören — außer den oben aufgeführten Anlagearten — namentlich Grundbesitz und Policendarlehen, die Ende 1944 etwa 1,2 Mrd. bzw. 400 Mill. RM betragen haben.

zeichnen sich auch in den Ziffern der beiden folgenden Tabellen deutlich ab. Da die Aufwertungsdarlehen und die Aufwertungsschuldverschreibungen bereits in voller Höhe[39]) in den Ziffern für das Jahr 1924 enthalten sind, gibt die Entwicklung ab 1925 ausschließlich den Umfang des Neugeschäfts an.

a) Die Ausleihungen

Angaben in Mill. RM

Ende	Hypotheken	Kommunaldarlehen	Sonstige Darlehen [1])	zusammen	darin enthalten: kommunale Umschuldungsdarlehen
1924	3 373	683		4 056	—
1925	4 150	863		5 013	—
1926	5 842	1 640		7 482	—
1927	7 276	2 139		9 415	—
1928	8 781	2 694	.	11 475	—
1929	9 465	3 057	.	12 522	—
1930	10 432	3 724	213	14 369	—
1931	10 659	3 733	229	14 621	—
1932	10 158 [2])	3 490	237	13 885	—
1933	9 944	3 677 [3])	477	14 098	234
1934	9 822	5 931	598	16 351	2 705
1935	9 923	5 905	668	16 496	2 954
1936	10 106	5 830	721	16 657	2 934
1937	11 027	5 923	1 281	18 231	2 788
1938	11 491	5 732	1 177	18 400	2 648
1939 [4])	12 316	5 598	1 175	19 089	2 499
1940	12 490	5 416	1 219	19 125	2 383
1941 [5])	12 360	5 120	1 200	18 680	2 268
1942	13 100 [6])	4 710	1 170	18 980	2 116
1943	13 000	4 560	1 140	18 700	1 905
1944	12 500	4 300	1 100	17 900	1 700 [7])

1) Schiffshypotheken, Meliorationsdarlehen und langfristige Darlehen, die weder Hypotheken noch Darlehen an öffentlich-rechtliche Körperschaften sind, wie z. B. Darlehen an Wassergenossenschaften, Deichverbände, Molkereigenossenschaften usw., sind bis zum Jahre 1929 nicht gesondert erfaßt, sondern in der Summe der Hypotheken und Kommunaldarlehen mit enthalten.

2) ab 1932 einschließlich der Deckungshypotheken für Osthilfe-Entschuldungsbriefe.

3) ab 1933 einschließlich der Deckungsdarlehen für die Schuldverschreibungen des „Umschuldungsverbandes deutscher Gemeinden" (Gemeinde-Umschuldungsanleihe).

4) erweitertes Reichsgebiet.

5) ab 1941 Ziffern geschätzt.

6) Zunahme im Zusammenhang mit der Hauszinssteuer-Ablösungsaktion.

7) Ziffer geschätzt.

Nähere Erläuterungen zu den vorstehenden Ziffern sind nicht erforderlich, da alles das, was hierzu zu sagen wäre, aus den Hinweisen in

39) sie stellten sich auf 3295 Mill. bzw. 3103 Mill. RM.

den Fußnoten hervorgeht. Das gleiche gilt auch für die nachstehend aufgeführte Zahlenübersicht.

b) Die Beschaffung der Mittel

durch Ausgabe von Pfandbriefen, Kommunal-Obligationen und ähnlichen Schuldverschreibungen.

Umlaufsziffern

Angaben in Mill. RM

Ende	Pfandbriefe	Kommunal-Obligationen	zusammen	darin sind enthalten: Auslandsemissionen	darin sind enthalten: Gemeinde-Umschuldungsanleihe
1924	3 130	666	3 796	—	—
1925	3 962	734	4 696	120	—
1926	5 512	1 406	6 918	327	—
1927	7 072	1 710	8 782	860	—
1928	8 333	2 196	10 529	1 293	—
1929	8 718	2 330	11 048	1 279	—
1930	9 522	2 602	12 124	1 230	—
1931	9 745	2 703	12 448	1 154	—
1932	9 287[1]	2 619	11 906	1 055	—
1933	8 973	2 790[2]	11 763	894	234
1934	8 681	5 136	13 817	479	2 705
1935	8 845	5 302	14 147	400	2 954
1936	8 950	5 263	14 213	364	2 934
1937	9 142	5 091	14 233	336	2 788
1938	9 268	4 845	14 113	283	2 648
1939[3]	9 983	4 832	14 815	275	2 499
1940	10 203	4 750	14 953	260	2 383
1941[4]	10 100	4 500	14 600	.	2 268
1942	10 700[5]	4 150	14 850	.	2 116
1943	10 600	4 000	14 600	.	1 905
1944	10 200	3 750	13 950	.	1 700[6]

1) ab 1932 einschl. Osthilfe-Entschuldungsbriefe.
2) ab 1933 einschl. Gemeinde-Umschuldungsanleihe.
3) ab 1939 erweitertes Reichsgebiet.
4) ab 1941 Ziffern geschätzt.
5) Zunahme im Zusammenhang mit der Hauszinssteuer-Ablösungsaktion.
6) Ziffer geschätzt.

Durch die hohen außerplanmäßigen Darlehnsrückzahlungen, die namentlich in den letzten Kriegsjahren stattfanden, waren die Kreditinstitute gezwungen, auch ihrerseits eine verstärkte Tilgung bei den von ihnen ausgegebenen Schuldverschreibungen vorzunehmen.

Ein sehr erheblicher Teil der in den Jahren 1925/28 auf dem Auslandsmarkt beschafften Mittel diente zur Konsolidierung der umfangreichen schwebenden Schulden der deutschen Landwirtschaft (Umschuldung). Die zu diesem Zwecke aufgenommenen Anleihen beliefen sich auf insgesamt 160 Mill. Dollar = 672 Mill. RM; von dieser Summe wurden 567 Mill. RM durch die Deutsche Rentenbank-Kreditanstalt und 105 Mill. RM durch die Deutsche Landesbankenzentrale beschafft. Von weiteren größeren Emissionen, die während dieser Zeit auf dem amerikanischen Kapitalmarkt untergebracht wurden, sind insbesondere die für die Gewährung langfristiger Kommunalkredite bestimmten Anleihen der Deutschen Girozentrale zu nennen, die sich auf insgesamt 40,5 Mill. Dollar = 170,1 Mill. RM stellten. Die Verpflichtungen aus den Auslandsanleihen, die ihren höchsten Stand Ende 1928 erreicht hatten, sind in den darauffolgenden zehn Jahren um rund eine Mrd. RM auf 283 Mill. RM zurückgegangen. Die innerhalb dieses Jahrzehnts geleisteten Darlehnsrückzahlungen sind auch vielfach durch Hingabe von Anleihestücken (Dollarbonds) erfolgt, die zeitweise einen recht niedrigen Kursstand aufwiesen. Die Schrumpfung der Anleiheverpflichtungen ist jedoch nicht allein auf die planmäßigen und erheblichen außerplanmäßigen Darlehnstilgungen zurückzuführen, sondern ist z. T. auch durch Valutagewinne — infolge Abwertung von Dollar und Pfund — verursacht worden.

Auf die kommunale Umschuldung und die im Zusammenhang mit dieser Aktion ausgegebene Gemeinde-Umschuldungsanleihe, die sich mit einem Emissionsbetrag von fast 3,2 Mrd. RM als die größte, bisher begebene Kommunalanleihe darstellt, wird noch an späterer Stelle — im Rahmen des die Sonderaktionen auf geldwirtschaftlichem Gebiete behandelnden Abschnitts — ausführlicher eingegangen werden.

12. Die Emissionen öffentlicher Körperschaften und privater Unternehmungen auf dem deutschen Kapitalmarkt

Einen allgemeinen Ueberblick über die Aufnahmefähigkeit des deutschen Kapitalmarktes in der Zeit von 1924/40 vermittelt die nachstehende Zahlenübersicht.

Angaben in Mill. RM

Jahr	Schuldverschreibungen			Rentenwerte insgesamt	Aktien [2])	Gesamter Emissionsbetrag
	öffentliche [1])	Bodenkreditinstitute	private			
1924	27	377	36	440	148	588
1925	128	878	74	1 080	656	1 736
1926	1 163	2 093	323	3 579	988	4 567
1927	714	1 946	181	2 841	1 438	4 279
1928	663	1 948	294	2 905	1 339	4 244
1929	520	1 157	8	1 685	979	2 664
1930	529	2 362	35	2 926	555	3 481
1931	65	1 272	1	1 338	635	1 973
1932	511 [3])	303	10	822	150	974
1933	1 029	+ 9 [4])	2	1 040	91	1 131
1934	334	+ 2 420	4	2 758	143	2 901
1935	1 643	+ 378	3	2 024	156	2 180
1936	2 671	+ 104	47	2 822	395	3 217
1937	3 150	+ 47	258	3 455	333	3 788
1938	7 744	— 68	107	7 783	822	8 605
1939 [5])	9 157	+ 423	334	9 914	853	10 767
1940	16 892	+ 153	612	17 657	953	18 610

[1]) einschl. öffentlicher Unternehmungen, darunter Reichsbahn, Reichspost und andere gemeinnützige Körperschaften und Unternehmungen.

[2]) Kurswert der gegen Barzahlung ausgegebenen Aktien ohne Verschmelzungen und Sacheinlagen.

[3]) ab 1932 einschl. Steuergutscheine.

[4]) ab 1933 Zunahme (+) oder Abnahme (—) des Wertpapierumlaufs einschl. der Veränderungen bei den „Sonderemissionen" (Liquidationspfandbriefe, Ablösungsschuldverschreibungen, Osthilfe-Entschuldungsbriefe, Aufwertungsschuldverschreibungen und Gemeinde-Umschuldungsanleihe). — [5]) ab 1939 erweitertes Reichsgebiet.

In den ersten Jahren nach der Währungsstabilisierung waren die Anleihebedingungen auf dem Inlandsmarkt angesichts der großen Diskrepanz zwischen dem Finanzbedarf der deutschen Wirtschaft einerseits und den im Vergleich hierzu zur Verfügung stehenden geringen Mitteln andererseits derart ungünstig, daß für viele Unternehmungen eine Inanspruchnahme des inländischen Kapitalmarktes wirtschaftlich nicht tragbar war. Obwohl sich damals weite Kreise der deutschen Wirtschaft, insbesondere die Zweige mit niedriger Rente, dem Auslandsmarkt zugewandt haben[40]), sind die in den Jahren 1925/26 auf dem Inlandsmarkt placierten Anleihe- und Aktienbeträge mit insgesamt 6,3 Mrd. RM doch recht beachtlich gewesen. In der zweiten Hälfte des Jahres 1926, das in der Zeit von 1924/37 die höchsten Emissionsziffern aufweist, hatten sich die Ver-

[40]) Die von deutscher Seite in den Jahren 1925/28 aufgenommenen langfristigen Auslandsanleihen beliefen sich — ohne die Dawes-Anleihe — auf rd. 5,7 Mrd. RM.

hältnisse auf dem deutschen Kapitalmarkt — nicht zuletzt durch die Abwanderung zahlreicher deutscher Kreditnehmer zum Auslandsmarkt sowie unter dem Einfluß der dort erzielten, erheblich günstigeren Anleihebedingungen — so weit gebessert, daß schon wieder 6 %ige Emissionen bei verhältnismäßig hoher Auszahlung herausgebracht werden konnten.

Angaben in %

Jahr[1]	Nominal-verzinsung	Emissions-kurs	Effektivverzinsung für den Anleihezeichner[2]
1926	7,22	94,16	7,67
1927	5,56	93,80	5,93
1928	6,35	94,40	6,73
1929[3]	7,54	96,40	7,82
1930[4]	6,55	94,34	6,94
1931[5]	5,97	98,14	6,08

1) Durchschnittsziffern (ohne Schuldverschreibungen von Bodenkreditanstalten).
2) ohne Berücksichtigung der Laufzeit und der Tilgungsbedingungen.
3) ohne die 183 Mill. RM 7 %ige Reichsanleihe ergeben sich folgende Durchschnittsziffern: 8,01 — 94,13 — 8,51 %.
4) ohne die 150 Mill. RM Reichsbahnschatzanweisungen würden sich folgende Durchschnittsziffern ergeben: 7,14 — 93,62 — 7,63 %.
5) ohne die 24,4 Mill. RM 4½ %ige steuerfreie Reichsbahnanleihe ergeben sich folgende Durchschnittsziffern: 6,94 — 96,89 — 7,16 %.

Wie diese Ziffern zeigen, war zwar eine Stabilisierung der Verhältnisse auf dem inländischen Kapitalmarkt noch nicht erreicht, wohl aber eine weitgehende Angleichung der Anleihebedingungen an die Bedingungen des Auslandsmarktes[41]).

Im Jahre 1932 fand eine allgemeine Konvertierung sämtlicher Rentenwerte auf 6 % statt und im Jahre 1935 eine weitere Herabsetzung des Zinsfußes auf 4½ % (lediglich die Aufwertungsschuldverschreibungen waren hiervon ausgenommen). Die letztgenannte Maßnahme stand ganz offensichtlich schon im Zusammenhang mit den großen Emissionsvorhaben des Reiches, hinter die vom Jahre 1935 ab die Emissionen anderer, insbesondere privater Stellen weit in den Hintergrund traten. Im Jahre 1940 ging das Reich sodann zum 4 %igen Emissionstyp über, und zum Beginn des Jahres 1942 erfolgte der Uebergang zum 3½ %igen Emissionstyp, der sich bis Kriegsschluß behauptet hat. Diese innerhalb eines Zeitraumes von noch nicht zwei Jahren vorgenommene zweimalige Zinsfußreduzierung bei den Reichswerten blieb naturgemäß nicht ohne Einfluß auf die übrigen

41) vgl. hierzu die Uebersicht auf Seite 67.

Emissionen; die Folge waren umfangreiche Konvertierungen der 4½ %igen Rentenwerte in 4 %ige Werte, so daß sich bei allen übrigen Schuldverschreibungen (einschließlich der Industrie-Obligationen) binnen kurzer Zeit der 4 %ige Emissionstyp durchgesetzt hatte.

Da die einleitend wiedergegebene Emissionsübersicht mit dem Jahre 1940 abschließt, sei auf die Entwicklung nach diesem Zeitpunkt noch kurz eingegangen. Die verzinslichen Reichsschuldtitel verzeichnen in den Jahren 1941/44 einen Umlaufszuwachs von rd. 93 Mrd. RM, was einer jährlichen Zunahme von durchschnittlich etwa 23 Mrd. RM entspricht. Gegenüber diesen Beträgen verblassen selbstverständlich die übrigen Emissionsziffern völlig. An Pfandbriefen, Kommunalobligationen und ähnlichen Schuldverschreibungen sind in diesen vier Jahren schätzungsweise nur etwas mehr als eine Mrd. RM ausgegeben worden, wovon der weitaus größte Teil auf die im Zusammenhang mit der Hauszinssteuer-Ablösungsaktion aufgelegten Pfandbriefserien entfiel. Der Ausgabebetrag der Industrie-Obligationen lag dagegen beträchtlich höher; er stellt sich für die genannten vier Jahre auf insgesamt rd. 3,1 Mrd. RM.

13. Der Umlauf deutscher Industrie-Obligationen[42])

Angaben in Mill. RM

Ende	Inlands-emissionen[1])	Auslands-emissionen	Gesamt-umlauf	davon entfallen auf:		
				Industrie der Grund-stoffe	Verar-beitende Industrie	Ver-sorgungs-betriebe[2])
1927	1 018	2 182	3 200	1 188	637	702
1928	1 273	2 927	4 200	1 291	960	1 133
1929	1 281	3 147	4 428	1 383	988	1 251
1930	1 273	3 435	4 708	1 441	1 044	1 455
1931	1 195	3 331	4 526	1 381	1 005	1 417
1932	1 137	3 173	4 310	1 307	953	1 414
1933	1 086	2 099[3])	3 185	959	781	1 006
1934	1 424	1 511	2 935	896	723	947
1935	1 444	1 354	2 798	918	698	864
1936	1 505	1 080	2 585	872	658	738
1937	1 772	996	2 768	940	755	777
1938	1 856	888	2 744	929	803	764
1939[4])	2 416	827	3 243	1 020	991	931
1940	3 243	761	4 004	1 319	1 277	1 067

1) Aufwertungsschuldverschreibungen und Neuverschuldung.
2) Unternehmungen der Wasser-, Gas- und Elektrizitätsgewinnung und -versorgung.
3) US-Dollar und englisches Pfund ab 1933 jeweils zum Kurs vom 31. Dezember umgerechnet.
4) ab 1939 erweitertes Reichsgebiet.

42) und verwandter Schuldverschreibungen.

Bis zum Jahre 1934 überwogen bei den von der gewerblichen Wirtschaft[43]) aufgenommenen langfristigen Mitteln die Auslandsemissionen. Die starke Schrumpfung, die diese hauptsächlich auf dem Amerikamarkt beschafften Gelder in den Jahren 1933/34 erfahren haben, ist nur zu einem verhältnismäßig kleinen Teil auf Tilgungsleistungen zurückzuführen; in erster Linie beruht sie auf Valutagewinnen, die den Anleiheschuldnern durch die Abwertung von Dollar und Pfund zugefallen sind. Seit dem Schnitt der beiden Kurven im Jahre 1935 hat sich das Schwergewicht immer weiter zu Gunsten der Inlandsemissionen verschoben. Wie bereits am Schluß des vorigen Kapitels ausgeführt worden ist, betragen die von der deutschen gewerblichen Wirtschaft auf dem Inlandsmarkt in den Jahren 1941/44 aufgenommenen Anleihen rd. 3,1 Mrd. RM; diese Summe verteilt sich auf die einzelnen Jahre wie folgt:

1941	535 Mill. RM
1942	854 Mill. RM
1943	1125 Mill. RM
1944	573 Mill. RM

Am Schluß des Jahres 1944 dürfte der Gesamtumlauf deutscher Industrie-Obligationen und verwandter Schuldverschreibungen schätzungsweise 6,5 Mrd. RM betragen haben, und zwar etwa 6 Mrd. RM Inlandsanleihen und etwa 500 Mill. RM Auslandsemissionen.

14. Die deutsche Auslandsverschuldung

a) Die Anleiheschulden

Die Aufnahme langfristiger Auslandsanleihen erstreckte sich namentlich auf die Jahre 1925/28 und auf das Jahr 1930. Ueber den Umfang der in der Zeit von 1924/31 auf dem ausländischen Kapitalmarkt, insbesondere in den USA, aufgenommenen Anleihen unterrichten im einzelnen die beiden nachstehenden Aufstellungen.

---

43) Industrie, Versorgungsbetriebe, Verkehr, Handel und Banken.

Die Aufnahme langfristiger Auslandsanleihen chronologisch und nach Schuldnergruppen geordnet

Angaben in Mill. RM

Anleiheschuldner	1924	1925	1926	1927	1928	1929	1930	1931	zusammen
1. Öffentlich-rechtliche Körperschaften . . .	—	379	344	269	166	31	230	334	1 753
2. Öffentliche Unternehmungen . .	—	260	307	63	428	122	660[2])	—	1 840
3. Kirchliche Körperschaften	—	16	64	14	32	21	16	4	167
4. Boden- u. Kommunalkreditinstitute:									
a) Pfandbriefe. . . .	—	105	67	515	367	5	39	—	1 098
b) Kommunal-Obligationen . . .	—	15	128	—	107	—	—	—	250
5. Andere Banken . . .	—	—	—	189	—	2	—	—	191
6. Sonstige private Unternehmungen . .	42	490	645	362	365	168	232	8	2 312
Auslandsanleihen insgesamt	42[1])	1265	1555	1412	1465	349	1177	346	7 611

Die langfristigen Auslandsanleihen nach Herkunftsländern gegliedert

Gläubigerland	Dawes- und Young-Anleihe	Reich, Länder, Gemeinden u. ä.[3])	Öffentliche Unternehmungen	Boden- u. Kommunalkreditinstitute		Private Unternehmungen	zusammen
				Pfandbriefe	Kommunalobligationen		
1. USA . . .	875	860	1 073	736	188	1 533	5 265
2. Großbritannien	490	210	48	89	6	257	1 100
3. Holland . .	174	256	115	182	30	417	1 174
4. Schweden	152	530	3	50	4	58	797
5. Schweiz . .	136	53	114	26	8	175	512
6. Frankreich	475	—	—	—	—	—	475
7. Belgien . .	51	—	—	—	—	—	51
8. Italien . .	46	—	—	—	—	—	46
9. Sonstige Länder[4]) .	—	10	32	15	14	54	125
Auslandsanleihen insgesamt	2 399	1 919	1 385	1 098	250	2 494	9 545

1) ohne Dawes-Anleihe.

2) einschl. desjenigen Teiles der Young-Anleihe, der der Reichsbahn und Reichspost aus den Mitteln dieser Anleihe zur Verfügung gestellt worden ist.

3) einschl. kirchliche Körperschaften. — 4) einschl. nicht aufteilbarer Posten.

Die Bedingungen, zu denen die Anleiheaufnahme erfolgte, sind aus der folgenden Tabelle zu ersehen (Durchschnittsziffern).

Angaben in %

Jahr	Nominalverzinsung	Emissionskurs	Auszahlungskurs	Effektivverzinsung[1] für den Anleihezeichner	Effektivverzinsung[1] für den Anleiheschuldner
1926	6,76	95,66	89,94	7,07	7,52
1927	6,06	96,43	92,71	6,28	6,54
1928	6,23	95,15	91,55	6,55	6,81
1929	6,46	94,45	92,17	6,84	7,01
1930[2]	5,84	92,32	88,49	6,33	6,60
1931	6,06	97,57	93,20	6,21	6,50

[1]) ohne Berücksichtigung der Laufzeit und der Tilgungsbedingungen.
[2]) ohne die 5½ %ige Young-Anleihe ergeben sich folgende Durchschnittsziffern: 6,11 — 94,12 — 90,89 — 6,49 — 6,72 %.

Neben diesen langfristigen, auf dem Auslandsmarkt beschafften Mitteln sind auch kurzfristige Gelder nach Deutschland hereingeströmt, die ihrem Umfang nach sogar noch bedeutend größer waren als die langfristigen Auslandskredite. Es ist bereits in anderem Zusammenhange darauf hingewiesen worden, daß namhafte Beträge dieser kurzfristigen Mittel in den Jahren 1930/31 gekündigt wurden und daß ihr Abfluß zu einem sehr erheblichen Teil zu der starken Zuspitzung der Lage beigetragen hat, die schließlich zu den krisenhaften Erschütterungen des deutschen Geld- und Kreditsystems im Sommer 1931 führte. Ueber den Umfang der gesamten deutschen Auslandsverschuldung im Krisenmonat des Jahres 1931 sowie deren Abwicklung bis zum Jahre 1938 gibt die folgende Uebersicht Auskunft.

b) Die Abwicklung der deutschen Auslandsverschuldung

Angaben in Mrd. RM

Stichtag		Langfristige Kredite	Stillhalte-Kredite[1])	Sonstige kurzfristige Kredite	Auslandskredite insgesamt
Ende Juli	1931	10,7	6,3	6,8	23,8
„ Februar	1932	10,5	5,0	5,1	20,6
„ „	1933	10,3	4,1	4,6	19,0
„ „	1934	7,2	2,6	4,1	13,9
„ „	1935	6,4	2,1	4,6	13,1
„ „	1936	6,1	1,7	4,6	12,4
„ „	1937	5,4	1,2	4,2	10,8
„ „	1938	4,9	1,0	4,0	9,9
„ September	1940[2])	4,0	5,4		9,4

[1]) Kredite, die ihrer Art nach unter die Stillhaltebestimmungen fallen, ohne Rücksicht darauf, ob der Beitritt zum Stillhalteabkommen erfolgt ist oder nicht.
[2]) erweitertes Reichsgebiet.

Nachstehend sei nun noch für je einen Stichtag der Jahre 1933 und 1937 eine Aufgliederung der gesamten deutschen Auslandsverschuldung nach verschiedenen Gesichtspunkten vorgenommen. Hierbei sind die in der obigen Aufstellung als „Stillhaltekredite" eingesetzten Beträge in den Ziffern über die kurzfristige Verschuldung enthalten.

aa) Aufgliederung nach Kreditnehmern

Angaben in Mill. RM

Stichtag	Öffentliche Hand	Banken[1])	Industrie, Handel, Verkehr u. Landwirtschaft	Sonstige Schuldner	zusammen
28. Februar 1933					
a) Langfristige Schulden	3 774	1 461	4 626	404	10 265
b) Kurzfristige Schulden	440	4 243	3 638	381	8 702
Auslandsschulden insgesamt	4 214	5 704	8 264	785	18 967
28. Februar 1937[2])					
a) Langfristige Schulden	2 061	686	2 314	334	5 395
b) Kurzfristige Schulden	325	2 622	2 093	330	5 370
Auslandsschulden insgesamt	2 386	3 308	4 407	664	10 765
Veränderungen					
a) Langfristige Schulden	— 1 713	— 775	— 2 312	— 70	— 4 870
b) Kurzfristige Schulden	— 115	— 1 621	— 1 545	— 51	— 3 332
Auslandsschulden insgesamt	— 1 828	— 2 396	— 3 857	— 121	— 8 202

[1]) einschl. Reichsbank und deren Tochterinstitute (Golddiskontbank, Konversionskasse und Verrechnungskasse).

[2]) eine Aufgliederung nach diesem Zeitpunkt hat nicht mehr stattgefunden.

Im Laufe des Krieges haben sich bei den langfristigen Schulden wesentliche Veränderungen kaum ergeben; dagegen sind die kurzfristigen Schulden außerordentlich stark gestiegen infolge Zunahme der Verbindlichkeiten der Deutschen Verrechnungskasse, deren Auslandsverpflichtungen Ende September 1944 auf 35,9 Mrd. RM angewachsen waren gegenüber einem Stand von rd. 1,5 Mrd. RM am Schluß des Jahres 1940.

bb) Aufgliederung nach Gläubigerländern

Angaben in Mill. RM

Stichtag	USA	Groß-britannien	Holland	Schweiz	Frankreich	Sonstige Länder[1])	zusammen
28. Februar 1933							
a) Langfristige Schulden . .	5 196	1 080	1 823	1 202	492	472	10 265
b) Kurzfristige Schulden . .	2 537	1 044	1 511	1 491	350	1 769[2])	8 702
Auslandsschulden insges.	7 733	2 124	3 334	2 693	842	2 241	18 967
28. Februar 1937							
a) Langfristige Schulden . .	1 932	743	1 159	826	345	390	5 395
b) Kurzfristige Schulden . .	1 164	806	827	757	199	1 617[3])	5 370
Auslandsschulden insges.	3 096	1 549	1 986	1 583	544	2 007	10 765
Veränderungen							
a) Langfristige Schulden . .	— 3 264	— 337	— 664	— 376	— 147	— 82	— 4 870
b) Kurzfristige Schulden . .	— 1 373	— 238	— 684	— 734	— 151	— 152	— 3 332
Auslandsschulden insges.	— 4 637	— 575	— 1 348	— 1 110	— 298	— 234	— 8 202

1) insbesondere Schweden, Belgien, Italien und die Tschechoslowakei.

2) einschl. des von der Bank für Internationalen Zahlungsausgleich (BIZ) gewährten Kredites, der am 28. Februar 1933 in Höhe von 610 Mill. RM in Anspruch genommen war.

3) hierin sind allein 624 Mill. RM Schulden der Konversions- und Verrechnungskasse enthalten, während sich die Verpflichtungen dieser beiden Institute gegenüber den erstgenannten fünf Hauptgläubigerländern am gleichen Zeitpunkt auf insgesamt 349 Mill. RM beliefen.

cc) Aufgliederung nach Schuldarten

Angaben in Mill. RM

I. Langfristige Schulden	Stand am 28. Febr. 1933	Stand am 28. Febr. 1937	Veränderungen
1. Anleihen	7 673	3 778	— 3 895
2. Hypotheken und Grundschulden . .	693	476	— 217
3. Sonstige Schulden			
a) an Banken . . .	1 237	498	— 739
b) an andere Stellen	662	643	— 19
zusammen	10 265	5 395	— 4 870

II. Kurzfristige Schulden	Stand am 28. Febr. 1933	Stand am 28. Febr. 1937	Veränderungen
1. Rembourskredite und sonstige Bankakzepte	2 235	702	— 1 533
2. Buchschulden aus Warenlieferungen .	894	545	— 349
3. Akzepte und Solawechsel . .	152	16	— 136
4. Anleihen	228	226	— 2
5. Hypotheken und Grundschulden . .	79	101	+ 22
6. Sonstige Schulden .	5 114	3 780	— 1 334
zusammen	8 702	5 370	— 3 332
Auslandsschulden insgesamt	18 967	10 765	— 8 202

15. Die Einnahmen des Reiches

Die Haupteinnahmequelle des Reiches bildete bis zum Beginn des Krieges das Aufkommen aus Steuern und Zöllen, das vor der Wirtschaftskrise seinen höchsten Stand im Rechnungsjahr 1929/30 erreichte. Ihren tiefsten Punkt dagegen verzeichneten die Einnahmen des Reiches im Rechnungsjahr 1932/33. Mit zunehmender Belebung der Wirtschaft stiegen alsdann auch die Steuereinnahmen; im letzten Rechnungsjahre vor dem Kriege stellten sie sich auf 17,7 Mrd. RM, d. h. also auf 267 % der im Rechnungsjahre 1932/33 erzielten Einnahmen.

Das Aufkommen aus Reichssteuern und Zöllen in der Zeit von 1924/1939

Rechnungsjahr[1]	1924/25	7 320	Mill. RM
"	1925/26	6 855	" "
"	1926/27	7 173	" "
"	1927/28	8 488	" "
"	1928/29	9 023	" "
"	1929/30	9 170	" "
"	1930/31	9 024	" "
"	1931/32	7 804	" "
"	1932/33	6 646	" "
"	1933/34	6 841	" "
"	1934/35	8 218	" "
"	1935/36	9 650	" "
"	1936/37	11 473	" "
"	1937/38	13 958	" "
"	1938/39	17 729	" "

1) das Rechnungsjahr begann am 1. April und endete mit dem 31. März des darauffolgenden Jahres.

Zu diesen Einkünften traten während des Krieges noch zwei weitere Einnahmeposten hinzu, die in der nachstehenden Zahlenübersicht in Spalte 2 unter der Bezeichnung „Sonstige Einnahmen" aufgeführt sind. Welcher Art diese sowohl aus dem Inland als auch aus dem Ausland stammenden Einnnahmen waren bzw. aus welchen Quellen sie dem Reiche zuflossen, ergibt sich im einzelnen aus den in den Fußnoten enthaltenen Erläuterungen.

Die Einnahmen des Reiches im Kriege

Angaben in Mrd. RM

Rechnungsjahr	Einnahmen aus Steuern und Zöllen[1]	Sonstige Einnahmen[2]		Einnahmen insgesamt
		Inland[3]	Ausland[4]	
1939/40	23,6	3,0	—	26,6
1940/41	27,2	4,0	6,0	37,2
1941/42	32,5	6,0	11,0	49,5
1942/43	43,0[5]	7,0	19,0	69,0
1943/44	35,0	9,0	28,0	72,0
1944/45	30,0	8,0	21,0	59,0
zusammen	191,3	37,0	85,0	313,3

1) Ziffern der letzten Jahre geschätzt.

2) die Ziffern bis zum Rechnungsjahr 1943/44 sind dem Bericht der BIZ für 1944 (Seite 200) entnommen, während die Ziffern für 1944/45 auf eigener Schätzung beruhen (unter Zugrundelegung von Teilergebnissen, die von der BIZ für dieses Rechnungsjahr noch ermittelt worden sind).

3) Verwaltungseinnahmen (reichseigene Unternehmungen, Forsten, Reichsbahn, Reichspost, Reichsbank usw.), ferner Kriegsbeitrag der Länder und Gemeinden sowie Matrikularbeitrag des Protektorats Böhmen/Mähren und Wehrbeitrag des Generalgouvernements Polen.

4) insbesondere Einnahmen durch Erstattung von Besatzungskosten seitens der besetzten Länder an das Reich.

5) einschl. des dem Reich aus der Hauszinssteuerabgeltung zugeflossenen Betrages von rd. 8 Mrd. RM.

Die „Sonstigen Einnnahmen", die vor dem Kriege fast ausschließlich aus den sogenannten Verwaltungseinnahmen (siehe Fußnote 3 zur vorstehenden Tabelle) bestanden und hinsichtlich ihrer Größe nur von untergeordneter Bedeutung waren, haben sich im Laufe des Krieges zu einem wesentlichen Faktor im Etat des Reiches entwickelt; das tritt noch deutlicher hervor, wenn man — anstatt die absoluten Ziffern zu betrachten — die verschiedenen Einnahmeposten zu den Gesamteinnahmen in Beziehung setzt.

Angaben in % der gesamten Reichseinnahmen

Rechnungsjahr	Aufkommen aus Reichssteuern und Zöllen	Die sonstigen Einnahmen des Reiches	
		aus dem Inland	aus dem Ausland (besetzte Gebiete)
1939/40	88,7	11,3	—
1940/41	73,1	10,8	16,1
1941/42	65,7	12,1	22,2
1942/43	62,3	10,2	27,5
1943/44	48,6	12,5	38,9
1944/45	50,8	13,6	35,6
1. 4. 39/31. 3. 45	61,1	11,8	27,1

Die sogenannten „ordentlichen Reichseinnahmen", mit denen sich die vorstehenden Ausführungen befassen, reichten jedoch vielfach zur Bestreitung der Ausgaben nicht aus. Das gilt namentlich für die Zeit nach 1933 und in ganz besonderem Maße für die Kriegsjahre. Um den jeweils sich ergebenden Fehlbetrag zu decken, war das Reich daher genötigt, sich die hierfür erforderlichen Mittel von dritter Seite, d. h. durch Inanspruchnahme des Geld- und Kapitalmarktes zu beschaffen.

Die große Bedeutung der Reichsschuldtitel — und zwar sowohl der langfristigen als auch der kurzfristigen — ist in den bisherigen Darlegungen schon wiederholt zum Ausdruck gekommen; auch auf die führende Rolle dieser Werte als Geld- und Kapitalanlage ist bereits mehrfach hingewiesen worden. Angesichts dieser Tatsachen ist es daher nicht gut denkbar, eine Darstellung der deutschen geldwirtschaftlichen Verhältnisse zum Abschluß zu bringen, ohne nicht auch ausführlicher auf die Frage der Reichsschuld eingegangen zu sein.

16. Die Reichsschuld

Im Rahmen dieses Kapitels soll in erster Linie die ziffernmäßige Entwicklung der amtlich ausgewiesenen Reichsschuld aufgezeigt werden, während die verschiedenen Wege, die das Reich bei der Deckung seines Finanzbedarfs beschritten hat, im vierten Kapitel des nächstfolgenden Abschnittes Erwähnung finden.

Die Verschuldung des Reiches in der Zeit von 1924/39

Angaben in Mill. RM

Stichtag 31. März	Inlandsschulden: Lang- und mittelfristige Schulden	Inlandsschulden: Sonstige vor dem 1. April 1924 entstandene Schulden[1]	Inlandsschulden: Schatzwechsel und U-Schätze	Inlandsschulden: Steuer-Gutscheine	Inlandsschulden: Sonstige kurzfristige Schulden	Inlandsschuld zusammen	Auslandsschulden	Gesamte Reichsschuld
1924	—	1 930	—	—	475	2 405	—	2 405
1925	9	1 717	—	—	123	1 849	969	2 818
1926	5 512[2]	1 312	—	—	71	6 895	947	7 842
1927	5 818	1 151	—	—	171	7 140	933	8 073
1928	5 760	1 012	40	—	135	6 947	884	7 831
1929	6 260	875	583	—	353	8 071	901	8 972
1930	6 890	732	1 616	—	73	9 311	1 064	10 375
1931	7 004	651	975	—	190	8 820	3 270	12 090
1932	7 133	631	1 034	—	159	8 957	3 180	12 137
1933	7 186	628	1 401	492	113	9 820	3 003	12 823
1934	7 852	598	1 871	1 962	60	12 343	2 026[3]	14 369
1935	7 753	595	2 341	1 727	63	12 479	1 773	14 252
1936	9 278	584	2 743	1 298	156	14 059	1 678	15 737
1937	11 718	583	2 299	869	84	15 553	1 442	16 995
1938	14 900	582	2 242	540	103	18 367	1 333	19 700
1939	22 365	581	6 502	109	33	29 590	1 257	30 847

[1]) neben auf Dollar lautenden Schatzanweisungen und Goldanleihe von 1923 insbesondere Schulden gegenüber Rentenbank und Reichsbank; ihrer Natur nach sind diese Schulden zum größten Teil als „langfristig" anzusprechen, da sich ihre Abwicklung über zehn Jahre und länger erstreckte.

[2]) davon 5,5 Mrd. RM Anleihe-Ablösungsschuld.

[3]) bei den auf amerikanische, englische und schwedische Währung lautenden Schulden sind infolge Abwertung dieser Währungen Valutagewinne erzielt worden.

Die langfristigen Inlandsschulden, die erstmalig im Rechnungsjahre 1925/26 in Erscheinung treten, bestehen in der ersten Zeit fast ausschließlich und in den Jahren 1929/35 zum weitaus größten Teil aus Aufwertungsschulden. Mit langfristigen Kreditbegehren größeren Ausmaßes ist das Reich erst im Jahre 1935 an den Kapitalmarkt herangetreten. Wie aus den Ziffern über die langfristige Verschuldung hervorgeht, hat sich die Summe der in der Zeit vom 1. April 1935 bis zum 31. März 1939 ausgegebenen Reichswerte von Jahr zu Jahr ständig erhöht. Die innerhalb des Rechnungsjahres 1938/1939 zu beobachtende Verdreifachung der gegen Hergabe von Schatzwechseln und U-Schätzen eingegangenen kurzfristigen Schulden hängt mit der am 1. April 1938 vollzogenen Umstellung in der Finanzierung der

Reichsausgaben zusammen[44]. Bei den Auslandsschulden handelt es sich hauptsächlich um die dem Deutschen Reich im Zusammenhang mit dem Dawes- und Young-Plan in den Jahren 1924 und 1930 gewährten internationalen Anleihen, die am 31. März 1939 nur noch mit 1257 Mill. RM valutierten.

Die Entwicklung der Reichsschuld in der Zeit vom 1. April 1939 bis zum 8. Mai 1945

Angaben in Mill. RM

Stichtag 31. März	Inlandsschulden				Inlandsschuld zusammen	Auslandsschulden	Gesamte Reichsschuld
	Lang- und mittelfristige Schulden[1]	Schatzwechsel und U-Schätze	Steuergutscheine	Sonstige kurzfristige Schulden			
1939	22 946	6 502	109	33	29 590	1 257	30 847
1940	28 667	17 731	4 110	320	50 828	1 232	52 060
1941	46 556	36 123	3 654	2 104	88 437	1 212	89 649
1942	69 631	61 124	3 629	6 446[2]	140 830	1 197	142 027
1943	90 898	94 736	1 244	9 557	196 435	1 185	197 620
1944	118 073	144 506	1 045	10 431	274 055	1 168	275 223
1945[3]	140 000	220 000	950	11 400	372 350	1 150	373 500
8.5.1945[3]	141 000	225 500	900	11 500	378 900	1 100	380 000[4]

[1]) Die bisher gesondert aufgeführten Schulden gegenüber Rentenbank und Reichsbank sind — ebenso wie das zu Beginn des Krieges bei der Deutschen Rentenbank aufgenommene Darlehen — in der Summe der lang- und mittelfristigen Schulden enthalten.

[2]) ab 1942 einschl. Betriebsanlage- und Warenbeschaffungsguthaben, die sich anfänglich auf 706 Mill. RM, später auf 766 Mill. RM stellten.

[3]) Ziffern geschätzt; letzter veröffentlichter Schuldenstand: 31. Dezember 1944 mit 348,1 Mrd. RM.

[4]) dieser Betrag liegt zwischen den von der Reichsfinanz- und der Reichsschuldenverwaltung angegebenen Schuldensummen.

Charakteristisch für die Entwicklung der Reichsschuld in der vorgenannten Epoche, die zu ihrem allergrößten Teil die Kriegszeit umfaßt, ist das sich von Jahr zu Jahr steigernde Verschuldungstempo. Besonders stark ist der Zuwachs bei den gegen Ausgabe von Schatzwechseln und U-Schätzen eingegangenen Verbindlichkeiten, die sich in der Zeit vom 1. April 1939 bis zum 8. Mai 1945 um 219 Mrd. RM vermehrt haben. Einschließlich der Veränderungen bei den sonstigen kurzfristigen Schulden, die um 11,5 Mrd. RM gestiegen sind, stellt sich die Zunahme der kurzfristigen Reichsverschuldung auf mehr als

[44]) Einstellung der Vorfinanzierung durch Sonderwechsel und Uebergang zur Zwischenfinanzierung durch Begebung von U-Schätzen, den sogenannten „Lieferschätzen" (vgl. auch Ausführungen auf Seite 85).

230 Mrd. RM. Sie ist somit beinahe doppelt so hoch wie bei den fundierten Reichsschulden, die sich innerhalb dieser Zeit von 22,9 Mrd. RM auf schätzungsweise 141 Mrd. RM, d. h. also um etwa 118 Mrd. RM erhöht haben. Die Veränderungen, die sich in den einzelnen Rechnungsjahren bezüglich der Gesamtverschuldung wie auch bei den Hauptschuldenarten ergeben haben, sind aus der folgenden Aufstellung zu ersehen.

Angaben in Mrd. RM

Rechnungsjahr	Zunahme der Gesamtschuld	Von dieser Zunahme entfallen auf	
		die fundierte Reichschuld	Schatzwechsel und U-Schätze
1939/40	21,2	5,7	11,2
1940/41	37,6	17,9	18,4
1941/42	52,4	23,1	25,0
1942/43	55,6	21,2	33,6
1943/44	77,6	27,2	49,8
1944/45	98,3	21,9	75,5
1. 4./8. 5. 45[1])	6,5	1,0	5,5

[1]) grob geschätzt; hierbei ist der Tatsache Rechnung getragen, daß eine Kreditaufnahme praktisch nach dem 21. April 1945 nicht mehr möglich war (Beginn des Kampfes um Berlin).

Mit dieser Aufgliederung, die mit großer Deutlichkeit den ständig steigenden Anteil der Schatzwechsel und U-Schätze an der Reichsfinanzierung zeigt, sollen die Ausführungen über die Reichsschuld ihren Abschluß finden. Ueber einige Besonderheiten auf diesem Gebiete wird — worauf zu Beginn dieses Kapitels bereits hingewiesen wurde — noch an anderer Stelle berichtet werden.

C. Besonderheiten im Bereich der deutschen Geldwirtschaft

Im Rahmen der nachstehenden Ausführungen soll noch auf einige Besonderheiten eingegangen werden, die im Laufe der letzten beiden Jahrzehnte im Bereich der deutschen Geldwirtschaft zu verzeichnen sind. Aufgabe dieser Ausführungen soll es aber nicht sein, eine ins einzelne gehende Darstellung zu bringen; die Darlegungen werden sich vielmehr darauf beschränken, lediglich das aufzuzeigen, was zur Vervollständigung und zur Abrundung des in den voraufgehenden sechzehn Kapiteln gezeichneten umfangreichen Zahlenbildes notwendig erscheint.

1. Die Umschuldungsmaßnahmen für die deutsche Landwirtschaft

In der ersten Zeit nach der Währungsstabilisierung standen der deutschen Landwirtschaft nur kurzfristige Kredite zur Verfügung, die — ungeachtet ihres außerordentlich hohen Zinsfußes — in den Jahren 1924/26 in großem Umfange aufgenommen und zu einem beträchtlichen Teil Zwecken dienstbar gemacht wurden, für deren Finanzierung langfristiger Realkredit erforderlich gewesen wäre. Die naturgemäße Folge einer solchen Verwendungsweise war ein „Einfrieren" dieser Kredite. Sehr nachteilig wirkten sich auch aus: die zu jener Zeit recht ungünstige Preisentwicklung für landwirtschaftliche Erzeugnisse sowie die rigorose Steuerpolitik[45]); hinzu kam die Aufwertung, durch die unklare Grundbuchverhältnisse geschaffen wurden, welche ihrerseits eine schnelle Inangriffnahme der Konsolidierung der eingefrorenen Kredite erschwerten. Eine weitere nicht unbeträchtliche Verschärfung erfuhr die Lage sodann noch durch die Bestimmung, daß die sogenannten „Rentenbankabwicklungskredite" bis zum 30. November 1927 zurückgezahlt werden mußten[46]).

Hätten zu jener Zeit schon wieder einigermaßen normale Verhältnisse auf dem deutschen Kapitalmarkt geherrscht, so hätte sich die Landwirtschaft durch Aufnahme von Pfandbriefkrediten von der

---

[45]) da die von den Steuerbehörden in Rechnung gestellten Verzugszinsen noch höher waren als die damaligen Kreditzinsen, beschaffte sich die stark illiquide Landwirtschaft die für die Steuerzahlungen notwendigen Mittel sehr häufig im Kreditwege.

[46]) vgl. hierzu Ausführungen auf Seite 7.

drückenden Last der hochverzinslichen kurzfristigen Schulden befreien können. Dieser Weg einer Schuldenkonsolidierung war jedoch der Landwirtschaft versperrt, da Pfandbriefdarlehen zu tragbaren Bedingungen nicht zu erlangen waren; Pfandbriefemissionen mit einem Nominalzins von 8 bis 10 % und einem Disagio von 30 % und mehr bildeten in den Jahren 1924/25 die Regel. Eine leichte Besserung in der Lage des landwirtschaftlichen Realkredites trat erst im darauffolgenden Jahre ein; sie dauerte aber nur kurze Zeit und wurde im Frühjahr 1927 durch eine erneute Versteifung abgelöst. So blieb die Frage der „Umschuldung", d. h. der Umwandlung der eingefrorenen Personalkredite in die ihrer wirtschaftlichen Verwendung gemäße Form des langfristigen Realkredits, nach wie vor in der Schwebe. Auch die von der Deutschen Rentenbank-Kreditanstalt aus dem Erlös ihrer Amerika-Anleihen in Höhe von insgesamt 567 Mill. RM zur Verfügung gestellten Hypothekarkredite[47]) und die von dem gleichen Institut aus Mitteln der Deutschen Golddiskontbank beschafften, mit einer Laufzeit von 3 bis 5 Jahren ausgestatteten 360 Mill. RM mittelfristiger Gelder vermochten nur einem Teil der deutschen Landwirtschaft die gewünschte Erleichterung zu bringen. An der Jahreswende 1928/29, d. h. bei Ingangsetzung der Durchführung des im Jahre 1928 erlassenen „Landwirtschaftlichen Notprogramms"[48]), stellte sich die Verschuldung der deutschen Landwirtschaft — ohne Berücksichtigung der zwei Mrd. RM betragenden Rentenbankgrundschuld — auf 11,5 Mrd. RM, die sich folgendermaßen zusammensetzten:

Aufwertungsschulden	2,8 Mrd. RM
langfristige Realschulden	3,6 Mrd. RM
Erbschafts- und Restkaufgeldhypotheken	1,0 Mrd. RM
kurzfristige Schulden	4,1 Mrd. RM
zusammen	11,5 Mrd. RM

Die der deutschen Landwirtschaft auf Grund des Notprogramms zuteil gewordene Kredithilfe belief sich nur auf 112 Mill. RM und bestand im wesentlichen aus einer von der Deutschen Landesbankenzentrale in Höhe von 25 Mill. Dollar (= 105 Mill. RM) aufgenommenen

47) Von der Deutschen Rentenbank-Kreditanstalt sind in den Jahren 1925/27 vier Anleihen im Gesamtbetrage von 155 Mill. Dollar aufgenommen worden, von denen die erste Anleihe mit 7 %, die übrigen drei Emissionen mit 6 % zu verzinsen waren; die Auszahlung an den Kreditnehmer erfolgte bei den aus dem Erlös der ersten Anleihe gewährten Darlehen mit 86 %, bei den aus dem Erlös der anderen Anleihen gewährten Darlehen stellte sie sich im Durchschnitt auf 91 %.

48) Zweck und Ziel dieses Programms waren insbesondere die Schaffung besserer Markt- und Absatzverhältnisse für landwirtschaftliche Erzeugnisse sowie die beschleunigte Durchführung der Konsolidierung der drückenden schwebenden Schulden.

Amerika-Anleihe. Der Erlös dieser Anleihe diente dazu, drückende kurzfristige Schulden, deren Abdeckung durch Inanspruchnahme von erststelligem Hypothekarkredit im Rahmen der damals von den Realkreditinstituten geforderten Beleihungsgrenze nicht möglich war, durch zweitstellige Hypotheken abzulösen, soweit dies innerhalb eines bestimmten Raumes (bis 60 % des im einzelnen Fall festgesetzten Beleihungswertes) erfolgen konnte.

Nach Durchführung dieser Aktion verblieb somit noch ein Betrag kurzfristiger Schulden von etwa vier Mrd. RM, von denen ein erheblicher Teil „umschuldungsreif" war. Auf eine breite Grundlage wurde die Umschuldung erst im Herbst des Jahres 1931 gestellt, als die Bank für deutsche Industrie-Obligationen in die sogenannte „Osthilfe" eingeschaltet wurde, die insbesondere die Not der schwer um ihre Existenz ringenden ostdeutschen Landwirtschaft lindern sollte. Die Bereitstellung der hierfür erforderlichen Mittel erfolgte durch die in anderem Zusammenhang bereits erwähnte Industrieumlage[49]), die an sich auf Grund der Bestimmungen des Young-Planes fortgefallen war, mit deren teilweiser Weitererhebung sich jedoch die bisherige aufbringungspflichtige Wirtschaft für eine Reihe von Jahren einverstanden erklärte, wenn diese Gelder zur Umschuldung der kurzfristigen landwirtschaftlichen Verbindlichkeiten Verwendung finden würden. Im Rahmen dieser Aktion, die sich — infolge vieler ministerial-bürokratischer Hemmnisse — bis zum Jahre 1937 erstreckte, sind der ostdeutschen Landwirtschaft Umschuldungskredite (die offizielle Bezeichnung war „Entschuldungsdarlehen") in Höhe von insgesamt 562 Mill. RM gewährt worden. Die Auszahlung an die Gläubiger, deren Forderungen in vielen Fällen eine Kürzung erfuhren, erfolgte anfänglich gänzlich in bar, später teilweise in bar und teilweise durch Aushändigung von sogenannten „Entschuldungsbriefen", die im Vorgriff auf die sukzessive aufgebrachten Umlagebeträge ausgegeben wurden und deren Einlösung alsdann mit Hilfe dieser Gelder vorgenommen worden ist[50]).

In der Zeit von 1925/37 sind der deutschen Landwirtschaft für die Umwandlung ihrer drückenden kurzfristigen Verpflichtungen in langfristige fundierte Schulden insgesamt 1264 Mill. RM zur Verfügung gestellt worden, und zwar:

---

49) vgl. hierzu Ausführungen auf Seite 12.

50) Wer sich über die Osthilfe-Aktion genauer unterrichten will, sei auf die ausgezeichnete Arbeit meines verstorbenen Freundes Dr. Leo Drescher „Entschuldung der ostdeutschen Landwirtschaft" (1938) verwiesen, während eine Darstellung des Umschuldungsprozesses vor Ingangsetzung der Osthilfe in der im Jahre 1929 erschienenen Schrift „Gegenwartsfragen im deutschen landwirtschaftlichen Kreditwesen (Umschuldung, Kreditkontrolle und bäuerliche Wirtschaftsberatung)" von Dr. Fritz Federau enthalten ist.

1. von der Deutschen Rentenbank-Kreditanstalt		
a) aus Mitteln der vier Amerika-Anleihen	567 Mill.	
b) aus eigenen Mitteln	10 Mill.	577 Mill. RM
2. von der Deutschen Landesbankenzentrale aus Mitteln der Amerika-Anleihe		105 Mill. RM
3. Entschuldungsdarlehen der Bank für deutsche Industrie-Obligationen........		562 Mill. RM
4. Entschuldungsdarlehen von seiten des Deutschen Reiches aus Mitteln des zur Unterstützung der Osthilfe-Aktion geschaffenen landwirtschaftlichen „Betriebssicherungsfonds"		30 Mill. RM
	zusammen	1264 Mill. RM

Eine Ausdehnung der landwirtschaftlichen Entschuldung auf das gesamte Reichsgebiet erfolgte im Jahre 1933 durch die Gesetze und Verordnungen über die „landwirtschaftliche Schuldenregelung". Durch Umwandlung der bestehenden Verbindlichkeiten in unkündbare Tilgungsschulden oder Renten, ferner durch Reduzierung der Gesamtschuld sowie durch Herabsetzung des Zinsfußes wollte man dem Schuldner die notwendige Erleichterung verschaffen; unter bestimmten Voraussetzungen wurden auch Schuldenablösungen vorgenommen. Die hierfür erforderlichen Mittel erhielt die mit der Finanzierung dieser Aktion betraute Deutsche Rentenbank-Kreditanstalt zu einem Teil direkt vom Reich, zum anderen von der Deutschen Rentenbank, die im Vorgriff auf die ihr später aus den Entschuldungshypotheken und -renten zufließenden Beträge 4 %ige Ablösungsschuldverschreibungen ausgab und diese alsdann der Deutschen Rentenbank-Kreditanstalt zum Zwecke der Schuldenregelung zur Verfügung stellte.

2. Die kommunale Umschuldungsaktion

Eine andere auf breiter Basis durchgeführte Sonderaktion war die Umschuldung der hohen kurzfristigen kommunalen Verbindlichkeiten. Die Ursachen dieser umfangreichen kurzfristigen Verschuldung waren:

a) die geringe Aufnahmefähigkeit des Inlandsmarktes für kommunale Anleihen in den Jahren 1929/30, der ein sich ständig verstärkender Kreditbedarf gegenüberstand, was viele kommunale Körperschaften veranlaßte, langfristige Investitionen mit kurzfristigen Mitteln zu finanzieren;

b) die Verpflichtung zur Zahlung der in den Krisenjahren besonders umfangreichen Arbeitslosen-Unterstützungsbeträge, wofür die ordentlichen Einnahmen der Gemeinden und Gemeindeverbände häufig nicht ausreichten, so daß sich in sehr vielen Fällen die Aufnahme von Krediten als notwendig erwies.

Im Gegensatz zu der Osthilfe-Umschuldung erfolgte die Umschuldung der kurzfristigen kommunalen Verbindlichkeiten ohne Mobilisierung neuer Mittel. Auf Grund des am 21. September 1933 erlassenen Gemeindeumschuldungsgesetzes hatten diejenigen Kommunalverbände, die dem neu gebildeten Umschuldungsverband deutscher Gemeinden beigetreten waren, das Recht, ihren Gläubigern die Umwandlung der bis zum 31. März 1935 fällig werdenden kurzfristigen Forderungen in 4%ige Schuldverschreibungen des vorgenannten Verbandes anzubieten, deren Verzinsung und Tilgung erforderlichenfalls aus dem Anteil der Kommunen am Reichssteueraufkommen erfolgte. Lehnten die Gläubiger das ihnen unterbreitete Angebot ab, so mußten sie ihre Forderungen zuzüglich der rückständigen und etwaiger weiter auflaufender Zinsen — unter Beibehaltung des vereinbarten Zinsfußes — mindestens für die Dauer von fünf Jahren stunden. Wie sich dieser Vorgang in den Bilanzen der Kreditinstitute abzeichnete, zeigen u. a. die folgenden Ziffern, die der Gesamtbilanz der deutschen Kreditinstitute entnommen sind.

Angaben in Mill. RM

Stand	Kommunale Debitoren[1])	Sonstige Wertpapiere
Ende 1932 . . .	2 073	3 352
„ 1936 . . .	388	5 300
Veränderung	— 1 685	+ 1 948

1) soweit in den Bilanzen gesondert ausgewiesen.

Durch die kommunale Umschuldungsaktion wurden insgesamt 3182 Mill. RM kurzfristige Kredite in langfristig tilgbare Kredite umgewandelt. Bei der Gemeinde-Umschuldungsanleihe handelt es sich um die bisher größte deutsche kommunale Anleihe, die im Jahre 1935 mit 2954 Mill. RM ihre höchste Umlaufsziffer verzeichnete.

Ueber den Verlauf des Umschuldungsprozesses in der Zeit von 1933/44 unterrichtet im einzelnen die nachstehende Zahlenübersicht.

Angaben in Mill. RM

Jahr	Durchgeführte Umschuldungen	Planmäßige Tilgungen	Außerplanmäßige Tilgungen	Umschuldungsanleihe im Umlauf (Stand am Jahresende)
1933	233,8	—	—	233,8
1934	2 503,3	—	32,5	2 704,6
1935	353,6	—	104,3	2 953,9
1936	85,3	—	105,2	2 934,0
1937	6,1	87,4	64,2	2 788,5
1938	—	89,7	50,2	2 648,6
1939	—	91,6	58,3	2 498,7
1940	—	93,0	22,3	2 383,4
1941	—	95,9	19,3	2 268,2
1942	—	98,8	53,3	2 116,1
1943	—	100,3	110,4	1 905,4
1944[1])	—	102,1	103,3	1 700,0
zusammen	3 182,1	758,8	723,3	

[1]) Ziffern geschätzt.

Die Geschäfte des Emittenten dieser großen Anleihe, des Umschuldungsverbandes deutscher Gemeinden, wurden sonderbarerweise nicht durch das an sich hierzu berufene Institut, die Deutsche Girozentrale / Deutsche Kommunalbank, wahrgenommen, sondern wurden durch die Preußische Staatsbank besorgt. Trotzdem die Deutsche Girozentrale bei der Durchführung der kommunalen Umschuldungsaktion ausgeschaltet war, hat sie sich nicht nur der Kurspflege ihrer eigenen Emissionen und anderer kommunaler Werte gewidmet, sondern hat sich — in ihrer Eigenschaft als zentrales deutsches Kommunalkreditinstitut — in besonderem Maße auch die Kursregulierung der Gemeinde-Umschuldungsanleihe angelegen sein lassen. Im Mai des Jahres 1940, als die Anleihe zum amtlichen Handel und zur Notiz an der Berliner Börse eingeführt wurde, betrug ihr Kurs 99½ %. Ihr Umlauf bewegte sich zu dieser Zeit zwischen 2,4 und 2,5 Mrd. RM; Ende 1944 stellte sich die Umlaufziffer auf schätzungsweise 1,7 Mrd. RM, d. h. sie hat sich innerhalb eines Zeitraumes von elf Jahren durch die planmäßigen und außerplanmäßigen Darlehnstilgungen, die sich mit 759 Mill. bzw. 723 Mill. RM beinahe die Waage halten, auf fast die Hälfte (53 %) des Emissionsbetrages vermindert.

3. Die verschiedenen Formen des zwischenstaatlichen Zahlungsverkehrs unter besonderer Berücksichtigung der deutschen Verhältnisse

In den ersten Jahren nach der Währungsstabilisierung, in denen Deutschland von Auslandsgeldern förmlich überschwemmt wurde, war der Zahlungsverkehr zwischen Deutschland und dem Auslande kein Problem; er wurde es erst, als die deutsche Gold- und Devisendecke infolge umfangreicher Geldabzüge seitens der ausländischen Gläubiger immer kürzer wurde — ein Zustand, der notwendigerweise zu einer sich in zunehmendem Maße verstärkenden Abkehr von der Form des freien Zahlungsverkehrs führen mußte.

Die Beschränkungen im internationalen Zahlungsverkehr waren die Folge und nicht, wie vielfach geglaubt wird, die Ursache des Währungsdurcheinanders in der Welt. Die Hauptschuld an diesen Beschränkungen, die in der Zeit vor dem Kriege in verschiedener Gestalt auftraten, sei es in der Form von Zahlungs- und Verrechnungsabkommen oder aber auch als Devisenzwangswirtschaft, tragen die Gläubigerländer. Wenn ein Schuldnerland bei der Abwicklung seiner Auslandszahlungen Transferschwierigkeiten hatte und deshalb zur Einrichtung einer Devisenkontrolle schritt oder, wenn ein an Gold und ausländischen Zahlungsmitteln knappes Schuldnerland zum Abschluß von Clearingabkommen genötigt war und in dieser Zwangslage mehr und mehr dazu überging, ausgesprochene Gegenseitigkeitsgeschäfte abzuschließen, so war das durchaus entschuldbar. Völlig unverständlich jedoch war es, wenn ein Gläubigerland eine Politik der wirtschaftlichen Absperrung betrieb und durch entsprechende handelspolitische Maßnahmen sogar eine Wareneinfuhr aus seinen Schuldnerländern teilweise unmöglich machte, für die der Warenexport im allgemeinen den einzigen Weg zur Regulierung ihrer Auslandsverpflichtungen darstellte.

Da die goldbesitzenden Länder es in den Jahren vor dem Kriege vielfach ablehnten, deutsche Waren und Dienstleistungen[51]) in Gold oder Valuta zu bezahlen, war Deutschland praktisch nicht nur zum Abschluß von Clearingverträgen, sondern auch zu einer völligen Neuorientierung seiner Wirtschaftspolitik, vor allem seiner Handelspolitik gezwungen.

Jedes Clearing hat bekanntlich die Tendenz, den Warenaustausch auf ein Mindestmaß herabzudrücken und etwaige Ausfuhrüberschüsse allmählich so weit zu verringern, bis ein Ausgleich

---

[51]) Waren und Dienstleistungen waren die einzigen Zahlungsmittel, über die das an Gold und Devisen arme Deutschland damals verfügte.

zwischen Ausfuhr und Einfuhr erzielt ist. Dieser fundamentale Satz galt in den Jahren vor dem Kriege und hat auch heute noch volle Gültigkeit. Eine Möglichkeit, Deutschland vor einer Aufspaltung seines Außenhandels in eine Summe bilateraler Beziehungen, insbesondere aber auch vor der nivellierenden Wirkung der Clearingabkommen zu bewahren, wäre eine Konzentration des gesamten deutschen Zahlungsverkehrs mit dem Auslande bei einer Außenhandelsbank gewesen, die gemäß den Vorschlägen des Verfassers zu einem wirksamen Instrument für die Lenkung des deutschen Außenhandels und darüber hinaus auch noch zu einem wesentlichen Faktor auf dem Gebiet der Währungspolitik hätte werden können[52]).

In der Zeit vor dem Kriege gab es in den zwischenstaatlichen Beziehungen der Länder drei Formen des Zahlungsverkehrs, die nebeneinander bestanden:

a) das starre System der Verrechnungsabkommen (Clearing),

b) das gelockerte System der Zahlungsabkommen,

c) der freie oder unbeschränkte Zahlungsverkehr.

Die Abwicklung des Zahlungsverkehrs zwischen dem Deutschen Reiche und dem Auslande erfolgte zum weitaus größten Teil in der Form des Clearing und nur mit einigen wenigen Ländern auf Grund von Zahlungsabkommen.

Der große Vorteil des zwischenstaatlichen Zahlungsabkommens gegenüber dem Verrechnungsabkommen bestand vor allem darin, daß man beim Zahlungsabkommen zur direkten Zahlung in Gold oder Devisen vom Bezieher an den Lieferanten zurückkehrte, die Geschäfte also ihres unpersönlichen Charakters entkleidet wurden und daß durch die Festsetzung einer bestimmten Relation von Ein- und Ausfuhr zwischen den beteiligten Ländern wenigstens bis zu einem gewissen Grade gegen eine weitere Schrumpfung des Exports Vorsorge getroffen war. Durch eine derartige Konstruktion der Verträge war es jedenfalls ausgeschlossen, daß sich ein bisheriger aktiver Handelsbilanzsaldo plötzlich in einen Passivsaldo verwandelte. So war in dem zwischen Großbritannien und Deutschland im Novem-

52) vgl. Dr. Fritz Federau „Das deutsche Exportproblem", Seite 13 ff., Alfred Protte Verlag, Potsdam (1934), sowie die aus der Feder des gleichen Verfassers stammenden Aufsätze „Kann eine Außenhandelsbank den Export beleben?" und „Die Außenhandelsbank als Mittel zur Exportförderung", veröffentlicht in Nr. 35 und Nr. 16 der Wochenzeitschrift „Deutsche Zukunft" vom 2. September 1934 bzw. 21. April 1935; des weiteren ist der Verfasser für die Schaffung eines solchen Instituts im Rahmen eines Vortrages eingetreten, den er im März 1935 über das Thema „Mittel und Wege zur Förderung der deutschen Ausfuhr" in Berlin vor einem internationalen Zuhörerkreis auf einer Zusammenkunft der im Frühjahr desselben Jahres wegen „staatsfeindlicher Umtriebe" aufgelösten Staatswissenschaftlichen Gesellschaft gehalten hat (die Auslieferung der in Wirtschaftskreisen außerordentlich stark beachteten Schrift „Das deutsche Exportproblem" wurde bald nach ihrem Erscheinen verboten).

ber 1934 abgeschlossenen Zahlungsabkommen, welches das erste dieser Art darstellte, z. B. bestimmt, daß 55 % der durch die Ausfuhr deutscher Waren nach England hereinkommenden Devisen zum Bezuge englischer Waren zu verwenden seien. Des weiteren war im Rahmen der Zahlungsabkommen zumeist vorgesehen, daß ein bestimmter Teil der Devisen, die das Schuldnerland aus dem Warenexport erzielte, der Begleichung alter Forderungen zu dienen habe — eine Klausel, die sehr viele Gläubigerländer zum Abschluß derartiger Abkommen mit ihren Schuldnerländern hätte bewegen müssen.

Während im Herbst 1935 erst zwei Zahlungsabkommen bestanden, hatte sich ihre Zahl bis zum Ausbruch des Krieges auf sieben erhöht; daneben gab es noch einige andere Abkommen, die eine Mittelstellung zwischen Verrechnungs- und Zahlungsabkommen einnahmen.

Im Kriege erfuhr das deutsche Clearingsystem einen weiteren starken Ausbau; im Zusammenhang hiermit erfolgte auch gleichzeitig eine gewisse „Veredelung" des Verfahrens, und zwar dadurch, daß Deutschland in zunehmendem Maße vom bilateralen zum multilateralen Clearing überging. Seinen Niederschlag fand der rege, überwiegend nach einer Richtung sich vollziehende Außenhandelsverkehr, insbesondere die vom europäischen Ausland hereingeholten umfangreichen Rohstoff- und Warenimporte, in den Ziffern des zentralen deutschen Clearinginstitutes, der Deutschen Verrechnungskasse, deren Verpflichtungen am Schluß des Jahres 1944 auf 36 Mrd. RM angewachsen waren bei einer Clearingverschuldung von schätzungsweise insgesamt 40 Mrd. RM.

4. Die Finanzierung der Reichsausgaben

Am Schluß des Rechnungsjahres 1932/33 betrug die Reichsschuld 12 823 Mill. RM, die sich folgendermaßen zusammensetzten:

I. Altverschuldung:		
a) Anleiheablösungsschuld	4 434 Mill.	
b) sonstige vor dem 1. April 1924 entstandene Schulden	629 Mill.	5 063 Mill. RM
II. Neuverschuldung:		
a) Auslandsschulden[53])	3 003 Mill.	
b) Inlandsschulden		
aa) langfristige Schulden	2 751 Mill.	
bb) kurzfristige Schulden[54])	2 006 Mill.	7 760 Mill. RM
	zusammen:	12 823 Mill. RM

53) insbesondere die im Zusammenhang mit dem Dawes- und Young-Plan eingegangenen langfristigen Verpflichtungen.

54) einschl. 492 Mill. RM Schulden auf Grund von Steuergutscheinen.

In der Zeit von 1933 bis zum Ausbruch des Krieges ist die Finanzierung der Reichsausgaben, soweit zu ihrer Deckung das Steueraufkommen nicht ausreichte, in erster Linie über den Geldmarkt vorgenommen worden. Zunächst wurden — unter Einschaltung der Gesellschaft für öffentliche Arbeiten — Arbeitsbeschaffungswechsel, die sogenannten „Öffa-Wechsel", ausgegeben, von denen die letzten Abschnitte am 15. Oktober 1938 zur Einlösung gelangten; die Mobilisierung der für die Aufrüstung erforderlichen Mittel geschah in den ersten drei Jahren ebenfalls zum weitaus größten Teil auf Wechselbasis, durch die „Mefo-Wechsel" (Bezogener war die Metallurgische Forschungsgesellschaft GmbH.), deren Ausgabe sich vom Frühjahr 1935 bis zum 31. März 1938 erstreckte; alsdann folgten die in die Form einer unverzinslichen Reichsschatzanweisung gekleideten Lieferungsschatzanweisungen (auch kurz „Lieferschätze" genannt), die in der Zeit vom 1. April 1938 bis zum 30. April 1939 ausgegeben wurden, und schließlich die auf Grund des sogenannten „Neuen Finanzplanes" herausgebrachten NF-Steuergutscheine, deren sich das Reich u. a. vom 1. Mai bis zum 31. Oktober 1939 zur Finanzierung seiner Ausgaben bediente und die — ebenso wie die Lieferschätze — den öffentliche Aufträge ausführenden Firmen neben einem bestimmten Barbetrag an Zahlungsstatt ausgehändigt wurden. Außer den vorgenannten Geldmarkttiteln wurden seit dem Jahre 1934 auch noch laufend sowie in gewissen Zeitabständen, deren Länge sich nach der jeweiligen Verfassung des Geldmarktes richtete, langfristige Reichsemissionen aufgelegt, die hauptsächlich zur Konsolidierung der schwebenden Schulden Verwendung gefunden haben; die Summe der vom 31. März 1933 bis zum gleichen Zeitpunkt des Jahres 1939 begebenen 4½ %igen langfristigen Schuldtitel (Reichsanleihe und Schatzanweisungen) belief sich auf etwas mehr als 15 Mrd. RM.

Die verschiedenen Formen der Finanzierung, von denen das Reich in dem vorerwähnten Zeitraum Gebrauch machte, kommen auch in der nachstehenden Aufstellung zum Ausdruck, in der der Versuch unternommen worden ist, die Aufbringung der Kosten für die Aufrüstung, die angeblich 90 Mrd. RM betragen haben sollen, ziffernmäßig zu belegen. In der Zeit vom Frühjahr 1933 bis zum Sommer des Jahres 1939 sind dem Reich aus den verschiedenen Einnahmequellen folgende Beträge zugeflossen:

aus Steuern, Zöllen und sonstigen Einnahmen	80,0	Mrd. RM
durch Finanzierung auf Wechselbasis (Mefo-Wechsel)[55]	10,5	„ „
auf Grund der Ausgabe von NF-Steuergutscheinen	3,0	„ „
durch Aufnahme kurzfristiger Kredite (gegen Hergabe von Schatzwechseln und U-Schätzen) ..	9,0	„ „
durch Aufnahme langfristiger Kredite (auf Grund der Ausgabe von verzinslichen Schatzanweisungen und Reichsanleihe, der sogenannten Li-Anleihe)[56]	16,5	„ „
aus den Mitteln der Arbeitslosenversicherung[57]	11,0	„ „
Einnahmen insgesamt	130,0	Mrd. RM
abzüglich Ausgaben für nichtmilitärische Zwecke[57]	40,0	„ „
verbleiben für die Aufrüstung	90,0	Mrd. RM

An der Form der kurzfristigen Vorgriffsfinanzierung ist auch nach Ausbruch des Krieges festgehalten worden. Soweit die Ausgaben aus dem Steueraufkommen nicht gedeckt werden konnten, sind die fehlenden Mittel im Kreditwege beschafft worden, insbesondere durch Ausgabe von Schatzwechseln und U-Schätzen; parallel hierzu vollzog sich die Finanzierung durch Begebung von Li-Anleihe, die — wie schon in den Jahren zuvor — von den Instituten der Sparkassen- und Genossenschaftsorganisationen wie auch von den Trägern der Lebens- und Sozialversicherung laufend als Kapitalanlage erworben wurde. Da jedoch durch die Li-Anleihe allein die auf dem Kapitalmarkt zur Verfügung stehenden Gelder nicht gebunden werden konnten, wurden seit März 1940 mit einem Satz von 4 % verzinsliche Schatzanweisungen und von Anfang 1942 bis Kriegsschluß 3½ %ige Reichsschatzanweisungen ausgegeben (neben der ebenfalls mit einem Zinsfuß von 4 % bzw. 3½ % ausgestatteten Li-Anleihe).

Das sich von Jahr zu Jahr steigernde Verschuldungstempo ist schon an anderer Stelle erwähnt und dort auch zahlenmäßig belegt worden[58]. Noch plastischer tritt die ständige Beschleunigung des Zuwachstempos in Erscheinung, wenn man, die für die einzelnen Kriegsjahre ermittelten monatlichen Durchschnittsziffern betrachtet.

55) auch unter der Bezeichnung „Sonder- oder Blockwechsel bekannt.

56) Li-Anleihen waren besondere, mit einer bevorzugten Lombardzusage der Reichsbank ausgestattete Anleihen (an der Börse nicht gehandelt).

57) Ziffern geschätzt.

58) vgl. Ausführungen auf Seite 74/75.

Zeitraum	durchschnittlicher monatlicher Schuldenzuwachs
1. Kriegsjahr	2,4 Milliarden RM
2. Kriegsjahr	3,7 Milliarden RM
3. Kriegsjahr	4,7 Milliarden RM
4. Kriegsjahr	5,2 Milliarden RM
5. Kriegsjahr	7,1 Milliarden RM
1. 9. 44/8. 5. 45	8,5 Milliarden RM[1])

1) Ziffer geschätzt.

Es ist bei der Behandlung der Reichsschuld bereits darauf hingewiesen worden, daß der Schwerpunkt der Kreditaufnahme bei den gegen Hergabe von Schatzwechseln und U-Schätzen beschafften Mitteln gelegen hat. Ueber die Gestaltung des internen Verhältnisses zwischen langfristiger und kurzfristiger Schuldenaufnahme in den einzelnen Kriegsjahren unterrichten die nachstehend wiedergegebenen Anteilziffern.

in % der jährlichen Schuldaufnahme

Zeitraum	langfristige Schuldaufnahme	kurzfristige Schuldaufnahme
1. Kriegsjahr	35	65
2. Kriegsjahr	47	53
3. Kriegsjahr	41	59
4. Kriegsjahr	36	64
5. Kriegsjahr	32	68
1. 9. 44/8. 5. 45 . .	20[1])	80[1])

1) Ziffern geschätzt.

Der Geldbedarf des Reiches im Kriege stellte sich auf 652 Mrd. RM. Zu seiner Deckung standen aus dem Aufkommen von Steuern, Zöllen sowie aus sonstigen Einnahmen insgesamt 309 Mrd. RM zur Verfügung; das sich hiernach ergebende Defizit von 343 Mrd. RM mußte durch Inanspruchnahme des Geld- und Kapitalmarktes gedeckt werden, oder anteilmäßig ausgedrückt: die vom Reich in der Zeit vom 1. September 1939 bis zum 8. Mai 1945 benötigten Mittel sind zu 47,4 % aus Steuern, Zöllen und sonstigen Einnahmen und zu 52,6 % durch Kreditaufnahme bestritten worden.

Die Reichsschuld, die bis Ende 1944 in den amtlichen Schuldennachweisen laufend veröffentlicht worden ist[59]), betrug bei Kriegsschluß schätzungsweise 380 Mrd. RM[60]). Die tatsächliche Reichsschuld ist jedoch beträchtlich höher; sie liegt unter Berücksichtigung derjenigen Verpflichtungen, die dem Reich aus den Folgen des verlorenen Krieges erwachsen sind (jedoch ohne die noch zu erwartenden zusätzlichen Reparationsverpflichtungen), schätzungsweise bei 700 Mrd. RM; dieser Betrag setzt sich folgendermaßen zusammen[61]):

a) die amtlich ausgewiesene Reichsschuld	380	Mrd. RM[62])
b) sonstige Verpflichtungen des Reiches (aus Mefo-Wecheln, unbezahlten Rechnungen, auf Grund von Bürgschaften u. a. m.)	50	„ „
c) Ansprüche auf Ersatz von Kriegssachschäden ..	160	„ „
d) Schadensersatzansprüche der Vertriebenen	60	„ „
e) Schadensersatzansprüche wegen Demontage, Entnahmen usw. (als Kriegsbeute oder für Reparationszwecke)	50	„ „
insgesamt	700	Mrd. RM

Die Regulierung der unter c, d und e verzeichneten, auf insgesamt 270 Mill. RM bezifferten Ansprüche wird im Wege des sogenannten „Lastenausgleichs" erfolgen, durch den bekanntlich alle diejenigen, deren Vermögen völlig oder zum weitaus größten Teil erhalten geblieben ist, zu Sonderleistungen heranzuziehen sind (Entrichtung einer Sachwerterhaltungsabgabe), die denjenigen zugute kommen, die durch die Kriegsereignisse oder durch Umstände, die sich aus den Folgen des verlorenen Krieges ergeben, erhebliche Vermögenseinbußen erlitten haben. In welchem Umfange es möglich sein wird, mit Hilfe dieser Mittel die Schadensersatzansprüche sowohl für die unmittelbaren als auch für die mittelbaren Kriegssachschäden zu begleichen, soll in diesem Zusammenhange nicht näher untersucht werden.

Wie die unter a und b aufgeführten, sich auf eine Summe von 430 Mrd. RM belaufenden Forderungen künftig zu bewerten sind, kann gegenwärtig noch nicht gesagt werden. Im Rahmen der „Ver-

59) am 31. Dezember stellte sich die Reichsschuld auf 348,1 Mrd. RM (letzte Veröffentlichung).

60) der in der öffentlichen Diskussion bisweilen erwähnte, ebenfalls auf Schätzungen beruhende Schuldbetrag von 400 Mrd. RM ist zu hoch gegriffen.

61) Ziffern geschätzt.

62) Aufgliederung vgl. Tabelle auf Seite 74.

ordnung über die Währungsreform in der sowjetischen Besatzungszone Deutschlands" sind Bestimmungen über die Behandlung von Forderungen gegenüber dem ehemaligen Deutschen Reiche überhaupt nicht vorhanden, während nach den Vorschriften der Gesetze und Verordnungen, die für die Durchführung der Währungsreform in den drei Westzonen und den Westsektoren von Groß-Berlin maßgebend sind, die Regulierung der Verbindlichkeiten des Reiches und der diesen gleichgestellten Verpflichtungen erst zu einem späteren Zeitpunkte vorgenommen werden soll.

D. Schlußbetrachtung

Durch den im Zuge der Währungsreformen erfolgten Geldschnitt sind sowohl der Bargeldumlauf als auch das vorhandene Buchgeld[63]) auf ein Minimum zusammengeschrumpft. Es ist übrigens völlig abwegig, die Vorgänge vom Sommer 1948 als „Währungsreformen" zu bezeichnen. Was in Deutschland in der zweiten Hälfte des Monats Juni geschehen ist, sind lediglich Geldreformen; denn die auf Befehl der Besatzungsmächte durchgeführten Maßnahmen waren ausschließlich dazu bestimmt, die Verhältnisse im Bereich der innerdeutschen Geldwirtschaft zu ordnen. Die Währungsreform steht erst noch bevor; zu ihrer Aufgabe gehören insbesondere die Schaffung einer neuen Basis für die deutsche Währung sowie die Festsetzung des Außenwertes der neuen deutschen Währungseinheit.

Das gesamte Geldvolumen[64]) stellte sich Mitte Juni 1948 für das Gebiet aller vier Besatzungszonen und Groß-Berlins — einschließlich der in der Ostzone und Groß-Berlin im Mai 1945 blockierten Guthaben — auf rund 240 Mrd. RM. Nach den Anfang Oktober 1948 vorgenommenen Schlußregulierungen betrug das Geldvolumen schätzungsweise nur noch 27 Mrd. D-Mark (West und Ost); das bedeutet eine Rückführung auf ein Neuntel seines ursprünglichen Umfanges oder auf etwas mehr als die Hälfte des im „wirtschaftlichen Normaljahr 1936" vorhandenen Volumens.

Auf die Frage, ob ein derartiges Geldvolumen bei den gegenwärtigen, unausgeglichenen wirtschaftlichen Verhältnissen, dem sehr großen Investitions- und Nachholungsbedarf sowie dem gegenüber dem Jahre 1936 stark erhöhten Preisniveau als ausreichend bezeichnet werden kann, soll hier nicht eingegangen werden; die Beantwortung dieser Frage, die nur nach einer eingehenden Untersuchung der deutschen wirtschaftlichen Zusammenhänge möglich wäre, würde an dieser Stelle zu weit führen. Abschließend sei lediglich darauf hingewiesen, daß die Möglichkeiten für eine Ausweitung des Geldvolumens sehr beschränkt sind. Die obere Grenze für den Notenumlauf liegt bei etwa 15 Mrd. Mark (für die Bank Deutscher

[63]) Spar- und Giroguthaben sowie Depositengelder.

[64]) Bargeldumlauf, Spar- und Giroeinlagen, Depositengelder sowie die den Versicherungsträgern anvertrauten Mittel.

Länder/Frankfurt a. M. bei 10 Mrd. D-Mark-West, während bei der Deutschen Notenbank/Berlin der höchstzulässige Emissionsbetrag mit schätzungsweise 5 Mrd. D-Mark-Ost angenommen werden kann). Was die inländische Kapitalbildung anbelangt, so sollte man sich gerade bezüglich der Bildung von Sparkapital keinen allzu übertriebenen Erwartungen hingeben angesichts der schlechten Behandlung des Sparers bei der Geldreform sowie des hohen, durch Kriegsschäden und jahrelange Warenknappheit aufgespeicherten Bedarfs an Konsumgütern aller Art. Auch die Voraussetzungen für eine Vergrößerung des Geldvolumens durch Kapitalzufuhr von außen her sind im Hinblick auf die — nicht zuletzt durch die Uneinigkeit der Besatzungsmächte — nach wie vor ungeklärten deutschen Verhältnisse z. Zt. noch als recht begrenzt zu bezeichnen. Es sind jedoch eine Reihe von Symptomen vorhanden, die in dieser Beziehung einen gewissen Wandel erwarten lassen, zumal sich in den USA — als dem heute einzigen Kapitalgeber großen Stils — zusehends die Erkenntnis Bahn bricht, daß eine Konsolidierung der politischen Verhältnisse auf dem europäischen Kontinent nur denkbar ist, wenn die derzeitigen höchst unbefriedigenden und labilen wirtschaftlichen Zustände in Deutschland und den anderen notleidenden europäischen Ländern so schnell wie möglich beseitigt werden.

E. Tabellenverzeichnis

FSC
www.fsc.org
MIX
Papier | Fördert
gute Waldnutzung
FSC® C083411

Kolibri 360 GmbH
Ferdinand-Jühlke-Straße 7
99095 Erfurt, Deutschland
produktsicherheit@kolibri360.de